JN012462

FP教本

不動産

目　次 contents

第3節 不動産の賃貸借契約

第3章 不動産に関する法令上の規制

第1節 都市計画法

第2節 建築基準法

第3節　農地法

第4節　生産緑地法

第5節　土地区画整理法

第6節　区分所有法

第7節　高齢者の居住の安定確保に関する法律

第8節　国土利用計画法（土地取引の規制）

第4章 不動産の取得・保有に係る税金

第5章 不動産の譲渡に係る税金

第2節　譲渡所得の計算の特例

第3節　譲渡による損失の取扱い

第4節　法人の不動産譲渡と税金

第6章　不動産の有効活用

第1節　有効活用の実務

第2節　有効活用の手法

第7章　不動産の証券化

第1節　証券化の背景と推移

第2節　不動産の評価方法

第 **1** 章

不動産の見方

第1節

不動産の類型

　民法では、「土地及びその定着物は不動産とする」と不動産を定義している。「定着物」とは、土地に付着するものであり、その典型が建物である。日本では法的に建物は土地とは別個独立した不動産として扱われ、取引上も土地とは別個のものとされる。

　宅地や建物およびその敷地の類型については、特に法律で規定されてはいないが、「不動産鑑定評価基準」を参考に整理すると次のとおりとなる（類型とは、その有形的利用および権利関係の態様に応じて区分される不動産の分類をいう）。

（1）宅地

① 更地

　その上に建物等の定着物がなく、かつ、借地権など使用収益を制約する権利の付着していない宅地。

② 建付地

　建物等の敷地となっている土地で、その建物等と敷地が同じ者の所有である宅地。

③ 借地権

　他者が所有する土地の上に、その所有者との合意によって建物を所有する目的で設定された地上権および土地の賃借権を、借地借家法では借地権と定めている。地上権は物権であり、土地の賃借権は債権である。

　物に対する直接的な権利である物権と人に対する権利である債権では、その性格の違いから法律的な取扱いが異なる。たとえば、**地上権は譲渡・転貸に土地所有者の承諾を必要としない**（承諾を要すると定めても、地上権の譲渡・転貸には影響しない）が、土地の**賃借権**では土地所有者の承諾のない**譲渡・転貸は契約解除の原因**になる。また、地上権は土地の所有者にその登記に協力することを要求できるが、土地の賃借権は要求できない。さらに、地上権には担保権の設定ができるが、土地の賃借権にはできない。

④ 底地

　借地権の付着した宅地の所有権。いわゆる地主の権利。

⑤ 区分地上権

地下鉄の駅やトンネル、地下街などの工作物を所有するため、地下または空間に上下の範囲を決めて設定された地上権。

(2) 建物およびその敷地

① 自用の建物およびその敷地

建物所有者とその敷地の所有者が同一人であって、その所有者の使用収益を制約する権利の付着していない場合の建物およびその敷地。

② 貸家およびその敷地

建物所有者とその敷地の所有者が同一人であるが、建物が賃貸借されている場合の建物およびその敷地。

③ 借地権付建物

借地権を権原とする建物が存する場合のその建物および借地権。

④ 区分所有建物およびその敷地

「建物の区分所有等に関する法律」における専有部分ならびに共用部分の共有持分および敷地利用権。

第2節

不動産に関する調査

　不動産の取引にあたっては、その不動産に存する権利とその内容、権利の帰属、権利変動の有無等に関する調査が重要になる。

　不動産に関するこれらの権利関係については、不動産登記制度により公示されている。不動産に関する権利は、登記しなければこれを第三者に対抗することができない。ただし、登記には後述のとおり公信力がないので、取引にあたっては登記記録以外の調査・確認も必要である。

❶ 不動産の権利に関する調査

(1) 所有権

　不動産の権利形態で最も基本的なものが所有権である。所有権は、地上権などとともに典型的な物権（特定の物を直接的に支配する権利）の1つであり、所有者は所有物を自由に使用、収益、処分できる。

　所有権は、1人の人が所有している場合（単独所有）と複数の人が所有している場合（共有）があり、以下のように意思決定の方法が異なる。

① 共有

　複数の人で共有している不動産の場合は、その不動産全体にそれぞれの所有者の共有持分に応じた権利が及んでいるため、他の所有者（共有者）と意見が一致しないと使用、収益、処分の方法の決定は困難である。たとえば、不動産全体を譲渡する場合などは、共有者全員の同意が必要である。なお、軽微な変更は、過半数の同意となる。なお、**自己の持分だけを単独で処分（譲渡等）することはできる**。

　また、共有者が不明な場合、他の共有者が行方不明者の持分の時価に相当する額を法務局に供託することで、その共有者の持分の取得や第三者への譲渡ができるようになった。

なお、相続により共有になった不動産の共有者が不明な場合は、相続開始から10年経過すればこの制度を利用できる。

② 区分所有

1棟の建物が構造上数個の部分に区分され、その部分がそれぞれ独立して住居等の用途に利用できる場合、区分された各部分を所有することをいい、分譲マンションの専有部分がその典型である。

③ 相隣関係

所有者と隣地所有者との関係で、次のように認められている権利がある。

a．公道に至るための他の土地の通行権

所有している土地が他の土地に囲まれて公道に通じない場合（袋地）に、公道に出るために、その土地の周囲の土地を通行できる権利のことをいう。ただし、通行できる場所は、通行する他の土地のために損害がもっとも少なくなるようにしなければならず、損害に対しては償金を支払う必要がある。

また、袋地が土地の一部譲渡などにより生じたときは、他の分割された土地のみを通行することができ、償金を支払う必要もない。

b．隣地使用権

隣地との境界またはその周辺で、障壁や建物を建築する場合、隣地の使用を請求できる。損害が発生する場合は、償金を支払わなければならない。

c．ライフライン設備設置のための他人の土地や設備を利用する権利

電気・ガス・水道などのライフライン設備に関して、他人の土地や他人の設備を利用しなければ給付が受けられない場合には、他人の土地や他人の設備を使用することができる。

他人の土地、他人の設備を使用する場合は損害が最も少なくなるようにしなければならず、損害が発生する場合は、償金を支払わなければならない。

d．境界を越える竹木の枝や根

境界を越えた枝は所有者に切除させることができるが、枝を切除するよう催告したにもかかわらず、相当の期間内に切除しない場合や所有者が不明などの場合は、自ら切除できる。根が境界線を越えるときは、自ら切除できる。

(2) 使用貸借

使用の対価を払わずに物を利用することを使用貸借という。土地の使用貸借は通常、親子間や夫婦間といった特別な関係にある人の間で行われる。無償の土地使用権であるため、借主の権利は非常に弱く、借地借家法の保護を受けることはできない。親の土地の上に子

が家を建て、親子間で土地を使用貸借する場合、子に借地権などの権利が生じないため、親の土地は税務上、更地（相続・贈与時の財産評価では**自用地**という）の取扱いとなる。

(3) 抵当権

債権者が債権の担保を目的として設定する権利をいう。抵当権設定者が債務不履行となった場合、抵当権を行使し、抵当権者はその目的物を競売等により処分し、他の債権者に優先して弁済を受けることができる。

一般に住宅ローン等の特定取引の債権を担保する場合には「抵当権」を設定し、会社の資金繰り等の不特定債権の担保を目的とする場合には、極度額を決め、「根抵当権」を設定する。

複数の債権者が抵当権を設定できるが、先順位の抵当権者は後順位の抵当権者に優先して回収できる。つまり、他の債権者の抵当権が設定されていても、別の債権者が抵当権を設定することができる。なお、抵当権の先後は、登記の順番による。

抵当権の登記では、**債権額**、**抵当権者の氏名・名称**などが記載される。

なお、債務の弁済が終了しても、抵当権は自動的に消えるわけではなく、抵当権抹消登記の申請が必要となる。

❷ 不動産登記記録の調査

不動産に関する権利の調査の基本は、登記記録の調査である。

不動産登記制度は、不動産の物理的状況および不動産に関する権利関係を公示し、不動産取引の安全と円滑を図ることを目的とするものである。

登記とは、登記記録に一定の事項を記録することをいい、登記記録とは、不動産に関する権利関係と併せて、権利に関する登記の前提として、その権利の客体である不動産の物理的状況を、**1筆の土地**または**1個の建物**ごとに電磁的に記録したものである。

「1筆の土地」とは、私権の客体となりうる一定の区画された土地をいう。「1個の建物」とは、一般的には物理的な1棟の建物をいうが、「主たる建物」と「従たる建物」の関係にある一体として利用される数棟の建物も、所有者の意思に反しない限り不動産登記法上1個の建物とされる。

なお、商業登記法（昭和38年7月9日法律第125号）1条の3および不動産登記法（平成16年6月18日法律第123号）6条1項で、法務局・地方法務局・その支局および出張所

を総称して「登記所」という旨が定義されている。

(1) 登記事項証明書等の交付請求

　登記事項証明書には、登記記録の全部を証明した「全部事項証明書」〔図表1－1〕、一部を証明した「何区何番事項証明書」、現に効力を有する部分のみを証明した「現在事項証明書」等がある。全部事項証明書には「これは登記記録に記録されている事項の全部を証明した書面である」が、何区何番事項証明書には「これは登記記録に記録されている事

〔図表1－1〕登記事項証明書（全部事項証明書）

表　題　部　(土 地 の 表 示)		調製	余　白		不動産番号	0000000000000
地図番号	余　白	【筆界特定】	余　白			
所　　在	特別区南都町一丁目			余　白		

①地　番	②地　目	③地　　　積　　　m²	原因及びその日付〔登記の日付〕
101番	宅地	300：00	不詳 〔平成20年10月14日〕

所　有　者	特別区南都町一丁目1番1号　甲 野 太 郎

権　　利　　部(甲区)　　(所 有 権 に 関 す る 事 項)			
順位番号	登　記　の　目　的	受付年月日・受付番号	権　利　者　そ　の　他　の　事　項
1	所有権保存	平成20年10月15日 第637号	所有者　特別区南都町一丁目1番1号 　　　　甲 野 太 郎
2	所有権移転	平成20年10月27日 第718号	原　因　平成20年10月26日売買 所有者　特別区南都町一丁目5番5号 　　　　法 務 五 郎

権　　利　　部(乙区)　　(所 有 権 以 外 の 権 利 に 関 す る 事 項)			
順位番号	登　記　の　目　的	受付年月日・受付番号	権　利　者　そ　の　他　の　事　項
1	抵当権設定	平成20年11月12日 第807号	原　因　平成20年11月4日金銭消費貸借同日設定 債権額　金4,000万円 利　息　年2.60%(年365日日割計算) 損害金　年14.5%(年365日日割計算) 債務者　特別区南都町一丁目5番5号 　　　　法 務 五 郎 抵当権者　特別区北都町三丁目3番3号 　　　　株 式 会 社 南 北 銀 行 　　　　(取扱店　南都支店) 共同担保　目録(あ)第2340号

共　同　担　保　目　録				
記号及び番号	(あ)第2340号		謹製	平成20年11月12日
番　号	担保の目的である権利の表示	順位番号	予　　　　　　備	
1	特別区南都町一丁目　101番の土地	1	余　白	
2	特別区南都町一丁目　101番地 家屋番号　101番の建物	1	余　白	

　これは登記記録に記載されている事項の全部を証明した書面である。

令和2年3月27日
関東法務局特別出張所　　　　　　　　登記官　　　法 務 八 郎　㊞

〔図表1－2〕登記事項要約書

登記事項要約書　土地					
1	表題部	○○区○○一丁目			
		○○番○○	宅地	100:00	9番3から分筆	平成16年2月20日
	権利部 所有権	○○区○○一丁目○○　持分2分の1　　○　野　○　夫				平成16年4月3日 第850号
		○○区○○一丁目○○　持分2分の1　　○　野　○　子				平成16年4月3日 第850号
	権利部 乙　区	1	抵当権設定	平成16年5月20日 第1200号	債権額　　金3,000万円 債務者 ○○区○○一丁目○○ ○　野　○　夫 ○○区○○一丁目○○ ○　野　○　子 抵当権者　○○区○○一丁目×× ××銀行○○（支店） 共同担保　目録（て）第4567号

項の何区何番を証明した書面である」等の各証明書に対応する認証文が付されたうえで、作成年月日および登記官の職氏名が記載され、**職印が押印されている。**

　全部事項証明書、現在事項証明書は、当該登記所の管轄の不動産についてはもちろんのこと、他の登記所の管轄の不動産に関するものの交付も受けることができる。また、**窓口請求、郵送請求、オンライン請求（受取りは、最寄りの登記所や郵送）とも可能である。**

　登記記録に記録されている事項の概要を記載した**登記事項要約書**〔図表1－2〕は、登記簿が電子化される以前の「登記簿閲覧」に代わるもので、認証文・作成年月日・登記官の職氏名の記載・職印の押印はなく、当該不動産を管轄する登記所の**窓口請求によってのみ交付を受けることができる。**

　登記事項証明書等はだれでも交付請求することができるが、土地であれば地番（住居表示ではない）を、建物であれば家屋番号か所有者名を申請書に記載しなければならない。また、後述する不動産番号の記載によることもできる。

　土地の地番が不明な場合には、登記所に備置きされている住居表示地番対照住宅地図（いわゆるブルーマップ）等により、地番を特定する。

　家屋番号は、原則として建物の敷地の地番に従って付されているため、その地番上の建物として特定することが可能な場合が多い。マンション家屋番号検索簿等が登記所に備置きされている場合には、これによりマンションの専有部分の家屋番号の特定が可能である。

（2）不動産登記記録の構成

　登記記録のうち、表示に関する登記が記録される部分を**表題部**といい、権利に関する登記が記録される部分を**権利部**という。

①　表題部の記載事項

　表題部には土地や建物の表示に関する事項が表示される。表示する事項は土地と建物で

異なるが、いずれも各々の物理的状況を示す。

a．土地の記載事項

- ・不動産番号
- ・所在
- ・地番
- ・地目
- ・地積

登記上の地番は住居表示と必ずしも一致しない。住居表示は建物ごとに番号をつけ、住居を探しやすくしたもので、「住居表示に関する法律」により定められている。また、土地の地目は土地の主たる用途により、田、畑、宅地、学校用地、鉄道用地、塩田、鉱泉地、池沼、山林、牧場、原野、墓地、境内地、運河用地、水道用地、用悪水路、ため池、堤、井溝、保安林、公衆用道路、公園、雑種地の23種類に区分して定められている。

b．建物の記載事項

- ・不動産番号
- ・建物所在の敷地の地番
- ・家屋番号
- ・建物の種類、構造および床面積
- ・建物の名称があるときはその名称
- ・付属建物があるときはその種類、構造および床面積
- ・付属建物に符号があるときはその符号

建築中の建物は屋根・外壁が完成次第、登記が可能になるが、建物の完成後、1カ月以内に表示登記を申請する義務が生じる。その時の義務者が表題部の「所有者」欄に記載され、それに基づいて登記所から各税務署等関係官庁に連絡がとられる。同時にその所有者名が、保存登記等をする際の真正な所有者とみなされる。

建物の「家屋番号」は、地番区域ごとに建物の敷地の地番と同一の番号をもって定めることとされている。「建物面積」は、原則、壁その他の区画の中心線で囲まれた部分の水平投影面積（壁芯面積）、区分所有建物の専有部分の床面積は壁その他の区画の内側線で囲まれた部分の水平投影面積（内法面積）によることとされている。

なお、建築基準法等に適合しない建物であっても、登記は可能である。

② 権利部（甲区）の記載事項

権利部（甲区）には、所有権に関する事項（差押えや所有権の仮登記、氏名変更、所有権の買戻特約を含む）がすべて記載される。たとえば、建物を新しく建築した場合等は所

有権**保存**登記、取り壊した場合は滅失登記、土地や建物を売買、相続、贈与などにより移転する場合は所有**権移転**登記を行うことになる。これらの登記にあたっては、登記順位、受付日付、受付番号、登記原因およびその日付が記載される。なお、共有の場合、共有持分も表示される。

③ 権利部（乙区）の記載事項

権利部（乙区）には、その不動産に関する**所有権以外の権利（所有権以外の仮登記、氏名変更を含む）**が記載される。所有権以外の権利とは、**地上権**、永小作権、地役権、先取特権、質権、**抵当権（根抵当権を含む）**、賃借権、採石権である。

④ マンション（区分所有建物）の登記

マンション（区分所有建物）については、「建物の区分所有等に関する法律」に基づいてその専有部分ごとに独立して所有権の対象となるものとされ、登記することができる。

マンションが完成すると、建物の登記としてマンション全体の表示（1棟の建物の表示）、およびその敷地となる土地の表示（敷地権の目的たる土地の表示）がなされ、その敷地該当土地の甲区に敷地権の登記表示がなされる〔図表1−3〕。さらに、区分所有としての専有部分の表示が、家屋番号○○番、△△階部分、××㎡などと表示され、土地の持分割合が、敷地権の割合○○分の△と表示される。この土地持分割合は、原則として1棟全体の専有面積合計に対する、その対象建物の専有面積の割合によって定められる。

また、1棟の建物は専有部分と共用部分（エレベーター、階段、ロビー、廊下、玄関

〔図表1−3〕 マンションの登記事項証明書の例（一部）

東京都文京区根津8丁目1014-1-911

専有部分の家屋番号	1014-1-101～1014-1-135	1014-2-201～1014-1-218	1014-1-220～1014-1-225
	1014-1-301～1014-1-323	1014-1-401～1014-1-422	1014-1-502～1014-1-522
	1014-1-603～1014-1-620	1014-1-704～1014-1-719	1014-1-805～1014-1-816
	1014-1-818　1014-1-907～1014-1-915	1014-1-1008～1014-1-1015	

【表 題 部】	（1 棟 の 建 物 の 表 示）	調製	余 白	所在図番号	余 白
【所　在】	文京区根津八丁目　1014番地1	余 白			
【建物の名称】	ガーデンコート 日本	余 白			

【①構　造】	【①床　面　積】	㎡	原因及びその日付【登記の日付】
鉄筋コンクリート造、陸屋根、地下1階付10階建	1階	3034：48	〔平成14年12月18日〕
	2階	2347：37	
	3階	2023：01	
	4階	1974：08	
	5階	1826：03	
	6階	1698：35	
	7階	1528：22	
	8階	1283：39	
	9階	944：92	
	10階	802：45	
	地下1階	554：31	

【表　題　部】	（敷　地　権　の　目　的　た　る　土　地　の　表　示）			
【①土地の符号】	【②所在及び地番】	【①地　目】	【④地　積】　　　m²	【登 記 の 日 付】
1	文京区根津八丁目1014番1	宅地	7963：33	平成14年12月18日

等）からなり、その共用部分の持分は土地と同様、原則として専有面積割合になる。

　なお、登記上ではマンションの専有面積は**内法**面積（壁の**内側**で測った面積）で表示されており、パンフレットや契約書によく見られる**壁芯**面積（壁の厚さの**中心線**で測った面積）より少ない。したがって、マンションの面積をみるときは、どちらの面積なのかを注意する必要がある。

　マンションの登記簿では、専有部分に係る建物登記簿の前に、1棟の建物全体の表題部が付く。また、「区分所有法」では、規約で分離処分できることを定める場合などを除き、原則として専有部分とそれに係る敷地利用権を分離して処分することができない。不動産登記においても専有部分と敷地利用権を一体的に扱うことができる。

　なお、不動産登記法では、敷地利用権のうち分離処分できない敷地利用権として登記された権利を、敷地権という。敷地権が登記された専有部分に関する所有権移転や抵当権の設定などの登記は、専有部分に係る建物の登記用紙に記載され、土地の登記用紙には記載されない。

(3) 登記の申請

① 申請主義の原則

　不動産登記手続は、原則として、当事者の申請によって開始され、かつ申請を受けた事項についてのみしか登記手続を進めることができない（裁判所または官公署の嘱託によってなされる場合もある）。なお、所有権保存登記などの権利の登記と異なり、**表示の登記は義務**であり、建物の新築や滅失、土地の地目や地積の変更（地積更正）などがあった場合には、新築などの日から**1カ月以内**にその旨の登記をしなければならない。通常、表示の登記は土地家屋調査士が代理申告するが、登記官が職権で行うこともできる。

　なお、相続または遺贈により不動産を取得した場合は、相続の登記が義務付けられた。

② 共同申請の原則

　登記は、**登記権利者および登記義務者が共同で申請**することを原則としている。ただし、表示の登記、判決または相続による登記、相続人に対する遺贈による所有権移転登記などは、登記権利者のみの単独申請が認められる。

　登記権利者とは、相手方当事者に対して登記申請に協力を求める権利を有する者、または登記により利益を受ける者をいう（例：売買のときの買主）。登記義務者とはその逆の立場の者、すなわち相手方当事者の登記申請に協力する義務がある者、または登記によって不利益を受ける者をいう（例：売買のときの売主）。通常、権利の登記は、**司法書士**が双方の代理人となって申請するのが一般的である。

③　申請の方法

登記の申請方法には、次の 3 つがある。

a．オンラインによる申請

b．出頭による申請

c．郵送による申請

なお、申請に印鑑証明書を要する場合は、作成後 3 カ月以内のものでなければならない。

(4) 相続登記の義務化

2024年 4 月 1 日より、相続または遺贈により不動産を取得した場合、自己のために相続があったことを知り、かつ、**所有権を取得したことを知った日から 3 年以内**に相続登記の申請をしなければならないと義務づけられた。

また、法定相続分に応じて相続登記がされたのちに、遺産分割協議の成立により当該相続分を超えて所有権を取得した場合は、遺産分割の日から 3 年以内に相続登記の申請をしなければならない。

なお、遺産分割が終了しないなど、登記をするのが難しい場合は、登記名義人が亡くなったこと、および、自分がその相続人である旨を登記官に申請期間内に申し出れば、申請義務を果たしたとみなされる**相続人申告登記制度**がある。

2024年 4 月 1 日より前に相続等により不動産を取得した場合も、制度開始から 3 年以内に登記の申請をしなければならない。

なお、共有の場合は、単独で申請できる。

また、正当な理由なく義務に違反した場合は、10万円以下の過料が適用される。

(5) 不動産登記の効力

不動産登記の効力としては、対抗力、推定力および確定力があるが、**公信力**は認められていない。

①　対抗力

不動産については**登記がなければ**、所有権の移転や抵当権の設定などの権利変動を**第三者に対抗できない**。

たとえば、土地売買契約をしたが、所有権移転登記をしないうちに、さらに、売主がその土地を第三者に二重に譲渡した場合、当初の買主は売買による所有権移転の登記がなければ、その第三者に対し、自分に所有権があることを主張できない。これを不動産登記の対抗力という。なお、この二重譲渡の場合、**先に登記したほうが優先して所有権を取得す**

る。

　ところで、借地権（建物の所有を目的とする地上権または土地の賃借権）のうち賃借権には登記請求権がなく、また借地権といえば多くが賃借権であるため、借地権はほとんどその登記がされていない。そこで、借地権については、その保護のため、借地権者が借地権者名義で借地上の**建物の登記を行えば、借地権**について**対抗力が与えられる**。したがって、現地調査により建物が建っている場合は、当該建物が土地所有者のものか借地権者のものか、確認を要する。

② **推定力**

　登記された事項は、実体的権利関係においても一応真実とされる。これが登記の推定力である。

③ **確定力**

　ある登記が存在する以上、その有効、無効にかかわらず、これと矛盾する登記はできない。これを登記の確定力という。

④ **公信力**

　登記書類を偽造して登記された場合など、真実の権利を反映しない登記を信頼して、登記記録上の者と取引した者が、保護されるか否かが公信力の問題である。

　日本の登記制度には、**公信力は認められていない**ため、このような登記を信頼して取引した者は法的な保護は受けられない。したがって、真実の権利者から返還を求められた場合は、これに応じなければならない。

　そこで、厳密には、登記記録上の権利者が真実の権利者であるかどうかを調査・確認しなければ安心して取引することができないことになる。近年は判例において、他の法理を用いて善意の第三者が保護されている例もみられるが、制度として登記に公信力は与えられていない。

(6) 抵当権の抹消

　抵当権が登記されている物件の売買の場合、買主は取引トラブルを回避するためにも、売買契約書に、代金決済時までに抵当権を抹消する旨の特約をすることが望ましい。できなければ、売買取引の決済時において、買主が支払った残代金で売主の債務を一括返済し、所有権移転登記と同時に抵当権抹消登記の申請を行うことになる。

(7) 仮登記

　仮登記は、登記済証または登記識別情報（後述）など、登記に必要な書類の不備や、権

利変動はすでに生じているが登記手続上の諸条件がいまだ成就していないなどの理由で、**本登記ができないとき**に、将来の本登記のために**順位を保全**しておくものである。仮登記に基づき本登記がなされると、所有権移転の仮登記後に登記された仮登記権利者以外の所有権移転登記のように、**仮登記に基づく本登記と相容れない登記は効力を失う**。また、抵当権のように1つの物件に複数成立し、その優劣が順位により保全される権利は、仮登記の順位が本登記された際の順位になる。なお、仮登記は順位保全の効力のみで、**対抗力は与えられていない**。

仮登記には、実体上の権利変動（所有権の移転等）は**生じている**が、本登記に必要な添付情報などの手続上の**要件がそろわない**（登記識別情報の提供や登記済証による申請において登記済証を添付できないなど）場合における不動産登記法105条1号の仮登記、いわゆる**1号仮登記**と、売買予約契約など実体上の権利変動（所有権の移転等）はまだ**生じていない**が、将来、権利変動を生じさせる所有権移転請求権や条件付の権利などが発生しており、これを保全する場合における同法105条2号の仮登記、いわゆる**2号仮登記**がある。

仮登記についても、一般原則どおり、仮登記権利者と仮登記義務者の**共同申請**による。なお、仮登記権利者は、仮登記義務者（所有権の名義人等）の承諾があるときや、裁判所の仮登記を命ずる処分があるときは、単独で仮登記の申請をすることができる。

① **仮登記の本登記手続**

仮登記後に第三者へ所有権移転登記がなされている場合の登記義務者は、仮登記後第三者に所有権移転登記がなされている場合であっても、仮登記義務者、すなわち仮登記した当時の登記義務者である。

a．実体

この事例を「二重売買」という。先にAとBの売買が行われたがBは仮登記しかしていない（Bには対抗力がないためBは完全な所有権を取得していない）ので、Aは同時にCへ当該不動産を売却したときの登記記録は、以下のようになる。

b．登記記録

甲区

1	A
2	B （売買の仮登記）
	←————後日、本登記するための余白が設けられる
3	C （売買の本登記）

　この場合、Bは順位を保全しているので本登記をすることができる。ただし、**所有権**に関する仮登記を本登記にするには利害関係人の承諾が必要であり、仮登記後に所有権を取得したC（第三者）は、不動産登記法第109条の利害関係人となるため、その承諾を証する情報を提出しなければならない。

　なお、Bの仮登記の本登記手続は、登記権利者をB、登記義務者をAとする共同申請で行う。仮登記を本登記にすることにより、Bは対抗力のある権利（利益）を得ることができ、Aは完全に所有権を失う。

② 仮登記の抹消

　仮登記の抹消は、仮登記義務者A（または現在の所有権登記名義人C）が登記権利者、仮登記権利者Bが登記義務者となり、共同で申請するのが原則であるが、仮登記の登記名義人が単独で申請することもできる。また、仮登記の登記名義人の承諾があれば、仮登記の登記上の利害関係人も単独で申請できる。

　・登記記録

甲区	
1	A
2	B （売買の仮登記）
	この仮登記を抹消する場合
3	C （売買の本登記）

　上記甲区のBの仮登記を抹消する場合、原則として以下の両者が共同で申請する。

　　登記権利者としてA（またはC）・・・Bの仮登記が消えることで負担がなくなる利益を得る者

　　登記義務者としてB・・・・・・・・・仮登記という権利を失う不利益を被る者

(8) 登記済証と登記識別情報

　かつては、登記を行うとその登記について登記済証が交付されていた。いわゆる「権利

証」とは、所有権の保存または移転の登記に係る登記済証のことである。

しかし、2008年にすべての登記所がインターネットを利用して電子申請を行うことができる電子申請対象登記所となった。これにより、申請人自らが登記名義人となる不動産登記を申請した場合は、申請人に対し、登記完了後に**12桁のアラビア数字**その他の符号の組合せによる「登記識別情報」が通知され（あらかじめ当該通知を希望しない旨の申出をした場合等には通知されない）、新たに登記済証は交付されない。登記識別情報は、その後、登記名義人が登記を申請する場合において、当該登記名義人自らが当該登記を申請していることを確認するための本人確認手段として用いられる。

なお、法務局が電子申請対象登記所になったからといって、かつて交付された登記済証が無効となったり、不要となるわけではない。新たに登記を受けて登記識別情報が通知されるまでは、登記済証を添付して登記申請をすることになる。

(9) 事前通知制度

登記申請に際し、**登記識別情報（または登記済証）を提供することができないときは事前通知により本人確認がなされる。**これは、登記官が登記義務者に対して、登記申請があった旨および当該申請の内容が真実であると思料するときは、一定期間内にその旨の申出をすべき旨を、本人限定受取郵便等により通知するものである。登記官は、当該申出がない限り、当該申請に係る登記をすることができない。

「登記識別情報を提供することができないとき」とは、①登記識別情報が通知されなかった場合、②登記識別情報が失効した場合、③登記識別情報を失念した場合（登記済証を紛失した場合）、④登記識別情報を提供することにより管理上支障を生ずる場合、⑤登記識別情報を提供することにより不動産取引を円滑に行うことができないおそれがある場合、とされているので、事案によっては登記識別情報が存在していてもこれを提供することなく登記申請をすることが可能である。

なお、登記申請の代理を業とする資格者代理人（**司法書士等**）によって要件を充足する**本人確認情報が提供されたときは、事前通知は行われない**（事前通知制度の例外）。

(10) 登記原因証明情報

登記原因証明情報とは、登記すべき物権変動の原因たる法律行為または法律事実の存在を形式的に証明する情報（不動産売買契約書等）である。原則として、権利に関する登記を申請する場合、申請人は登記原因証明情報を添付しなければならない。登記原因証明情報は登記記録の附属書類として登記所に保管され、利害関係者に限り閲覧が可能である。

❸ 地図、公図等の調査

登記事項証明書と同様に、地図や図面についても、窓口請求、郵送請求、オンライン請求が可能である。

① 不動産登記法14条地図

不動産登記法14条では、登記所には地図および建物所在図を備え付けることと規定されている。同法14条に基づく地図は**1筆または2筆以上の土地**ごとに作成され、地籍調査等を基にした**精度が高い**ものであるが、実際には、境界確定などに時間がかかり備置きが遅れており、**公図が利用**されている所が多い。

② 公図

旧土地台帳附属地図のことを公図といい、地図に準ずる図面として登記所に備え付けられている。もともとは租税徴収のために税務署に備え付けられていたもので、不動産登記法14条の地図（14条地図）と異なり**精度はあまり高くない**〔図表1－4〕。しかし、同法14条の地図の整備が遅れている現状においては、土地を特定し、その位置などを明らかにする資料として広く利用され、欠くことのできないものとなっている。

③ 地積測量図と建物図面

地積測量図とは、1筆ないし数筆の土地の地積（面積）に関する測量の結果を表示した図面で登記所に備え付けられている。**精度は高いが、すべての土地に備えられているわけではない**。地積測量図は、土地の表示登記や分筆登記申請時に提出されるもので、分筆し

〔図表1－4〕公図（写）

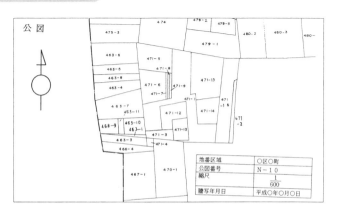

たことのない土地にはほぼ地積測量図が存在しない。

　なお、分筆の登記を申請する場合において、分筆後の土地の地積測量図は、分筆前の土地ごとに作製する必要があり、分筆前の土地を図示し、分筆線を明らかにして分筆後の各土地を表示する。

　なお、分筆とは逆に、数筆の土地を合併することを合筆というが、接続していない土地、所有者や、地目・地番区域が異なる土地、所有権の登記がある土地とない土地とでは合筆できない。

　また、抵当権など所有権以外の権利に関する登記がある土地なども原則として合筆できないが、抵当権など担保権の登記であって、登記の目的、申請の受付年月日、登記原因などが同一のものは合筆の登記ができる。

　建物図面は、建物の新築時の表示登記や建物の分割などの登記申請時に添付されるもので、すべての建物に備え付けられているものではない。各階平面図と合わせて綴られており、建物の各階の形状や建物が敷地のどの部分に建てられているかが示されている。

④　都市計画図

　都市計画図とは、行政区域内の都市計画の内容を表記した地図である。都市計画法や建築基準法に定めのある市街化区域および市街化調整区域、準都市計画区域、用途地域やその他の地域地区（防火地域、高度地区等）、指定容積率や指定建蔽率、都市施設（道路、公園等）などが地図上に具体的に表示されている。有効活用や価格査定には不可欠の資料である。

　通常、市区町村役場の行政サービス窓口などで頒布されている。なお、用途地域などの変更があるので、手元に都市計画図があっても最新のものかを確認する必要がある。

実務上のポイント

・不動産登記記録において、土地登記の地番、建物登記の家屋番号は、必ずしも住居表示と一致しない。

・登記事項証明書は、だれでも交付請求することができる。

・登記事項証明書には、各証明書に対応する認証文が付された上で、登記官の職氏名や職印が押印される。登記事項要約書には認証文や職印はない。

・仮登記権利者は、仮登記義務者（所有権の名義人等）の承諾があるときや、裁判所の仮登記を命ずる処分があるときは、単独で仮登記の申請をすることができる。

・所有権に関する仮登記を本登記にするには、利害関係人の承諾が必要である。

・公図は不動産登記法14条の地図とは異なり精度はあまり高くないが、14条地図の補完として現状でも広く利用されている。

第3節 不動産の価格に関する調査

❶ 土地の価格

　土地の価格（評価額）は、**実勢価格**のほか、公的評価として**公示価格・基準地標準価格**、**相続税路線価、固定資産税評価額**がある〔図表1-5〕。公的な土地評価額はそれぞれの目的を踏まえて評価されており、ややかい離がみられるが、土地基本法により相互の均衡と適正化が図られている。

(1) 実勢価格

　実際に取引された価格を実勢価格という。周辺において取引があった場合は、地価相場としての参考にはなるが、土地には個別性があり、その金額で対象とする土地が売却できるとは限らない。

(2) 公示価格

　公示価格は、国土交通省が**毎年1月1日**を価格時点（基準日）として、**3月下旬**に発表している。

　公示地（標準地ともいう）は、**都市計画区域内**および**都市計画区域外**の土地取引が相当

〔図表1-5〕土地の価格（評価額）

	概　要	調査時点	公表時点	調査頻度	対公示価格	実施機関
時価(実勢価格)	実際の取引価格等	—	—	—	—	—
公示価格	売買の目安等	1月1日	3月下旬	毎年1回	—	国土交通省
基準地標準価格	売買の目安等	7月1日	9月下旬	毎年1回	100%	都道府県
相続税路線価	相続税、贈与税の計算	1月1日	7月1日頃	毎年1回	80%	各国税局
固定資産税評価額	登録免許税、不動産取得税、固定資産税、都市計画税の計算	基準年度の前年の1月1日	公表せず	3年に1回	70%	市町村

程度見込まれる区域（公示区域）において、2万6,000地点（2023年地価公示）設けられている。公示価格は一般の土地取引価格の指標となるだけではなく、公共事業用地の取得価格算定や、国土利用計画法に基づく土地取引規制における規準としても使われる。

なお、公示価格は、標準地上に建物等がないものとして、また、使用収益を制約する権利があるときはないものとして、つまり更地としての価格を求めるものである（後述の基準地標準価格も同様）。

公示価格は毎年3月下旬の官報で告示され、公示価格を記載した書面は地図とともに、各市区町村の役所などで閲覧することができる。また、インターネットでも公表されている。

(3) 基準地標準価格

公示価格を補うものとして、都道府県地価調査による基準地標準価格がある。これは、都道府県が**毎年7月1日**を価格時点（基準日）として、**9月下旬**に発表している。なお、基準地の指標性を高めるため、**一部は公示価格の標準地**と**同一地点に基準地**を設定して連携を保っている。すなわち、当該地点では毎年1月1日と7月1日の価格が公表されることとなる。

基準地標準価格は都道府県の公報で発表される。また、公示価格と同様に、インターネットでも公表されている。

(4) 相続税路線価

相続税や贈与税評価額の算定の基準となる相続税路線価は、宅地の面する路線に付された1㎡当たりの価額で、路線価方式により宅地を評価する場合に用いられる〔図表1－6〕。

相続税路線価は、各国税局が**毎年1月1日**時点で評価し、原則として**7月1日**（休日の場合は翌日）に公表している。おおむね**公示価格の80%**の評価水準（公示価格×80％＝相続税路線価）が保たれている。所轄税務署またはインターネットでも確認することができる。

(5) 固定資産税評価額

固定資産税評価額は、固定資産課税台帳等に登録された評価額であり、**3年に1度**（基準年度）評価替えが行われている。基準年度における評価水準は**前年の公示価格の70%**とされている。基準年度以外の年度においても、地価が下落していれば固定資産税評価額の

〔図表1－6〕路線価図の例

地　区	記号
ビ ル 街 地 区	⬭
高 度 商 業 地 区	⬯
繁 華 街 地 区	⬡
普 通 商 業・併 用 住 宅 地 区	◯
中 小 工 場 地 区	◇
大 工 場 地 区	▭
普 通 住 宅 地 区	無　印

適 用 範 囲	記号
道路の両側の全地域	⊖
道路の南側（下方）の 全 地 域	◑
道 路 沿 い	⬤
道路の北側（上方）の道路沿いと南側（下方）の全地域	◓
道路の北側（上方）の道路沿いのみの地域	◓

記号	借地権割合
A	90%
B	80%
C	70%
D	60%
E	50%
F	40%
G	30%

1㎡の価額が2,140千円、道路の東側の道路沿いのみが高度商業地区で借地権割合がB、すなわち80％であることを示している。

住居表示の街区を示している。

1㎡の価額が1,220千円、普通住宅地区で借地権割合がC、すなわち70％であることを示している。

下方修正が行われるが、簡便な手法によっている。

　なお、固定資産税評価額は、登録免許税や不動産取得税等の算定にも用いられている。

　土地や建物の価格は固定資産課税台帳に登録される。この価格が適正かどうかを納税者が他の土地・家屋の価格と比較できるように縦覧帳簿が作成され、毎年一定期間、土地の所有者は土地価格等縦覧帳簿を、家屋の所有者は家屋価格等縦覧帳簿を縦覧することができる。

　また、**所有者本人**（または**代理人**）は、固定資産課税台帳の閲覧や評価証明書の交付を受けることができる。**借地人**、**借家人**も、借りている土地や建物の固定資産課税台帳を閲覧することができる。

　宅地の評価の基礎となる固定資産税路線価等はインターネットでも確認することができる。

❷ 不動産の鑑定評価

(1) 不動産の鑑定評価の基本的事項

　不動産の鑑定評価とは、その対象である不動産の経済価値を判定し、その結果を価額として表示することである。価格は不動産鑑定士が鑑定する。

　なお、不動産の価格は**最有効使用の原則**を前提として評価される。この原則は「不動産の価格は、その不動産の効用が最高度に発揮される可能性に最も富む使用（最有効使用）を前提として把握される価格を標準として形成される」というものである。

　不動産の鑑定評価にあたっては、次の事項を明らかにして行う。

①　対象不動産の確定

　鑑定評価の対象となる土地または建物等を物的に確定するとともに、鑑定評価の対象となる所有権および所有権以外の権利を確定する。

②　価格時点の確定

　不動産の価格は、時の経過によって変動するものであるから、その判定の基準となった日においてのみ妥当である。不動産の価格の判定の基準となった日を**価格時点**という。

③　価格の種類

　市場性を有する不動産について、現実の社会経済情勢のもとで合理的と考えられる条件を満たす市場で形成されるであろう市場価値を表示する適正な価格を**正常価格**という。

　これに対して、限定価格と呼ばれる価格がある。たとえば、〔図表1-7〕における甲地は、細長い画地であり建物の敷地としては適していない。したがって、正常価格で評価した場合、周辺相場よりかなり低い価格での評価額となる。しかし、隣地である乙地の所有者A氏は、周辺相場あるいはそれ以上の価格を提示しうる。なぜならば、「甲地＋乙地」は2つの道路に面した角地となるからである。

　このように、市場が限定されることに基づき、対象不動産の価値が正常価格からかい離することを前提とした価格を限定価格という。限定価格の例としては、このほかに、借地権者が当該借地の底地を購入する場合等がある。

　さらに、証券化対象不動産等の鑑定評価目的のもとで、投資家に示すために投資採算価値を表す価格を求める場合などに用いられる特定価格（ただし、最有効使用の場合は正常価格）や、寺社など一般的に市場性を有しない不動産について、経済価値を適正に表示する価格を求める場合に用いられる特殊価格がある。

〔図表1-7〕限定価格

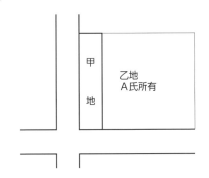

(2) 不動産の鑑定評価の方式

① 原価法

　原価法とは、価格時点における再調達原価（たとえば、評価の対象となる中古の建物を価格時点で新築するとした場合の原価のこと）を求め、これに減価修正（経年減価等による減額）を行って、積算価格を求める方法で、次の算式により求める。

> 積算価格＝再調達原価－減価修正

　原価法は、主に建物価格を求める際に適用されるが、造成費など再調達原価を求めるこ

とができる。造成地や埋立地等の評価に適用する場合もある。しかし、既成市街地の土地の場合は、再調達原価の算定が困難なため、一般に原価法は適用できない。

② 取引事例比較法

取引事例比較法は、土地等の評価において最も利用される方法で、原則として、近隣地域または同一需給圏内の類似地域に存する不動産から取引事例を収集し、その取引価格について事情補正、時点修正を行い、次に評価物件と地域要因の比較、個別的要因の比較を行って対象不動産の比準価格を求める方法である。

なお、取引事例を選択する際は、投機的取引等、適正さを欠くものであってはならない。

$$
比準価格＝\binom{取引}{価格} \times \binom{事情}{補正} \times \binom{時点}{修正} \times \binom{地域要因の}{比較} \times \binom{個別的要因}{の比較}
$$

③ 収益還元法

収益還元法とは、その不動産が将来生み出すであろう純収益（収入から費用を差し引いたもの）を基に、還元利回りで還元して収益価格を求める手法である。

原価法がコスト面に着目するのに対し、収益還元法は不動産の収益性に着目する。たとえば、年間1,000万円の純収益を生む賃貸ビルがあり、還元利回りを5％とすると、その物件の価額は2億円（1,000万円÷5％）になる。この方式は収益を目的とする不動産（賃貸マンション等）を評価する場合に有効であるが、賃貸用不動産のみでなく、自用不動産（例：自宅土地建物）の評価においても、賃貸した場合の収益を想定することにより適用できる。

上記の方法（直接還元法）の他、DCF法（ディスカウンテッド・キャッシュフロー法）等もある。

実務上のポイント

- 相続税路線価には、路線に借地権割合のアルファベットが付されるが、A（90%）～G（30%）まであり、10%刻みである。
- 固定資産課税台帳は、借地人や借家人も借りている土地や建物の固定資産課税台帳を閲覧することができる。
- 不動産の価格は、その不動産の効用が最高度に発揮される可能性に最も富む使用（最有効使用）を前提として把握される価格を標準として形成される、という最有効使用の原則を前提として評価される。
- 収益還元法は、自用不動産や更地でも賃貸を想定することにより適用できる。
- 不動産の鑑定評価においては、原則として、原価法、取引事例比較法、収益還元法の複数を組み合わせて適用する。

第 2 章

不動産の取引

不動産取引と宅地建物取引業および不動産に関する関連法規

　宅地建物取引業法は、宅地建物取引業を営む者について、免許制度を実施し、その事業に対して必要な規制をすることにより、業務の適正な運営と宅地および建物の取引の公正を確保しようとするものである。この法律にいう「宅地」とは、①建物の敷地に供せられる土地、②用途地域内の土地（ただし、現に道路、公園、河川広場および水路の用に供せられている土地を除く）を指し、現に建物の敷地に使用されていなくても、取引の際に建物の敷地に供することが予測される土地であれば、農地や林地も該当する。

❶ 宅地建物取引業

① 宅地建物取引業とは

　宅地建物取引業とは次のような行為を業として行うものをいう。

　a．宅地建物の**売買・交換**

　b．宅地建物の**売買・交換・貸借の代理**

　c．宅地建物の**売買・交換・貸借の媒介**

　したがって、**自ら契約の当事者として自分の不動産を貸す、あるいは又貸しすることは宅地建物取引業に該当しない。**

② 免許と営業の関係

　宅地建物取引業を営もうとする者であって、2以上の都道府県の区域内に事務所を設置する者は**国土交通大臣**の免許を、1の都道府県の区域内のみに事務所を設置する者は、事務所の所在地を管轄する**都道府県知事**の免許を受けなければならない。免許は有効期間5年の更新制となっている。**自らが貸主**となって貸借する場合は、宅地建物取引業法が適用されないので**免許を取得する必要はない。**

　免許を受けない者は宅地建物取引業を営んではならず、また免許前に宅地建物取引業を

営む旨の表示や宅地建物取引業を営む目的で広告をすることは禁止されている。

③　名義貸しの禁止

　宅地建物取引業者が、自己の名義で他人に宅地建物取引業を営ませることは禁止されている。また、宅地建物取引業者は、自己の名義で他人に宅地建物取引業を営む旨の表示をさせ、または宅地建物取引業を営む目的での広告をさせてはならない。

❷ 宅地建物取引士

「宅地建物取引士」とは、宅地建物取引士試験に合格し、試験を行った都道府県知事の登録を受け、宅地建物取引士証の交付を受けている者をいう。

(1) 専任の宅地建物取引士の設置義務

　宅地建物取引業者はその事務所等ごとに一定の数の専任の宅地建物取引士を置かなければならない。専任の宅地建物取引士とは、①成年者であり、②専任でなければならない。専任とはもっぱらその事務所等に常勤し、宅地建物取引業者の業務に従事する状態にあることをいう。

　設置しなければならない専任の宅地建物取引士の数は次のとおり定められている。

　a．事務所の場合：事務所ごとに、その業務に従事する者5人に1人以上の割合で設置

　b．案内所等の場合：少なくとも1人以上の設置

(2) 宅地建物取引士の職務

　宅地建物取引業者は次の職務を宅地建物取引士（専任に限らない）に行わせなければならない。

　a．重要事項の説明をすること

　b．重要事項を記載した書面（重要事項説明書）に記名すること

　c．契約締結後、依頼者等に交付する書面（売買契約書等が通例）に記名すること

　なお、依頼者等に交付する書面には、氏名・住所・建物の構造耐力上主要な部分等の状況、代金、引渡しや移転登記の時期などについて記載しなければならない。

(3) 重要事項説明書

　宅地建物取引業者は、宅地建物の売買、交換、貸借の相手方または依頼者に、その者が

第2章

〔図表2-1〕説明すべき重要事項の項目例（売買・交換）

〈対象となる宅地または建物に直接関係する事項〉
① 登記記録に記録された事項
② 都市計画法、建築基準法等の法令に基づく制限の概要
③ 私道に関する負担に関する事項
④ 飲用水・電気・ガスの供給施設および排水施設の整備状況
⑤ 宅地造成または建物建築の工事完了時における形状、構造等（未完成物件の場合）
⑥ ※建物状況調査の実施の有無および実施している場合におけるその結果の概要（既存の建物のとき）
⑦ ※建物の建築および維持保全の状況に関する書類の保存の状況（既存の建物のとき）
⑧ 敷地に関する権利および内容、共用部分に関する規約の定め等（区分所有建物の場合）
⑨ 当該宅地建物が造成宅地防災区域内か否か
⑩ 当該宅地建物が土砂災害警戒区域内か否か
⑪ 当該宅地建物が津波災害警戒区域内か否か
⑫ 当該宅地建物の水害ハザードマップにおける所在地
⑬ 石綿使用調査の内容（調査結果がある場合）
⑭ 耐震診断の内容（診断を受けている場合）
⑮ 住宅性能評価を受けた新築住宅である場合はその事項
〈取引条件に関する事項〉
① 代金および交換差金以外に授受される金額
② 契約の解除に関する事項
③ 損害賠償額の予定または違約金に関する事項
④ 手付金等の保全措置の概要（業者が自ら売主の場合）
⑤ 支払金または預かり金の保全措置の概要
⑥ 金銭の貸借のあっせん
⑦ 契約不適合を担保すべき責任の履行に関する措置の概要
⑧ 割賦販売に係る事項
〈その他の事項〉
　供託所等に関する説明

取得しまたは借りようとしている宅地または建物に関し、**契約の成立までの間に宅地建物取引士（その事務所に専任でなくてもよい）**をして一定の事項（重要事項）の書面を交付して説明させなければならない（ただし、取得者または借主が宅建業者の場合は、説明を要せず、書類の交付のみで足りる）。その内容は〔図表2-1〕のとおりである。なお、重要事項の説明については、宅地建物取引士により記名された重要事項説明書および添付資料をあらかじめ送付していること等の要件を満たすことにより、従来の対面での説明に加えテレビ会議等のITを活用した説明（IT重説）が可能となる。

　宅地建物取引士が重要事項を説明するときには、相手方に対し**宅地建物取引士証を提示**し、その説明書面に記名しなければならない。ただし、説明する場所について特に定めはない。

　なお、2022年5月から重要事項説明書（35条書面）や契約書（37条書面）押印が廃止され、電磁的記録による提供が可能になり、また、電子契約ができるようになった。

❸ 業務上の規制

(1) 業務に関する制限

　宅地建物取引業者は、取引の関係者に対し、信義を旨とし、誠実にその業務を行うとともに、従業員に対し、業務を適正に実施させるために必要な教育を行うよう努めなければならない。

　なお、宅地建物取引業者に対する業務上の規制の主なものは以下のとおりである。

① 誇大広告等の禁止

　宅地建物取引業者は広告を行う場合、著しく事実に相違する表示をし、または実際より著しく優良または有利であると誤認させるような表示をしてはならない。

② 取引態様の明示

　宅地建物取引業者は、宅地または建物の売買、交換または貸借について広告をするとき、宅地または建物の売買、交換または貸借に関する注文を受けたときは、遅滞なく、その注文をした者に対し、以下の取引態様の別を明示しなければならない。

　a．自ら売買、交換をするのか

　b．売買、交換、貸借の代理をするのか

　c．売買、交換、貸借の媒介をするのか

③ 事実不告知等の禁止

　宅地建物取引業者はその業務に関し、取引の相手方等に対し、重要な事項について、故意に事実を告げず、または事実ではないことを告げてはならない。

④ 契約締結等に際しての不適正な行為の禁止

　将来の利益につき断定的な判断の提供（「2～3年後には必ず1.5倍に値上りする」と告げることなど）や威迫行為（契約締結のために相手方を威迫する行為）は禁止されている。

⑤ 事務所等以外の場所で行った買受の申込みの撤回等（クーリングオフ）

　宅地建物取引業者が自ら売主となり、宅地建物取引業者以外の者が買主となる宅地または建物の売買契約について、**事務所等一定の場所以外**において買受の申込みまたは売買契約を締結した買主は、書面により、当該申込みの撤回または売買契約の解除をすることができる。

　この場合には宅地建物取引業者は、損害賠償または違約金の支払を請求することができない。ただし、次の場合には申込みの撤回等はできない。

  a．買主が事務所等（買主が自ら申し出た場合の自宅または勤務先を含む）で買受の申
   込みや契約をした場合（買受の申込みの場所と契約の場所が異なる場合は、買受の申
   込みの場所が事務所等であるかどうかで判断する）

  b．申込みの撤回等ができる旨およびその申込みの撤回等の方法を告げられた日から起
   算して8日を経過したとき

  c．宅地または建物の引渡しを受け、かつ、代金の全部を支払ったとき

 上記に反する特約で買主に不利なものは無効となる。

⑥ 損害賠償額の予定等の制限

 宅地建物取引業者が自ら売主となり、宅地建物取引業者以外の者が買主となる宅地また
は建物の売買契約において、当事者の債務不履行を理由とする契約の解除に伴う損害賠償
額を予定し、または違約金を定めるときは、これらの合算額が**代金額の2割を超える**こと
となる定めをしてはならない。この規定に反する特約は、代金額の2割を**超える部分**が無
効となる。

⑦ 契約不適合責任についての特約の制限

 （本章第2節5.「契約不適合責任」参照）。

(2) 手付、報酬の制限

① 手付の額の制限等

 （本章第2節2.「手付金」参照）。

② 報酬の制限

 宅地建物取引業者が宅地または建物の売買、交換、貸借の代理または媒介に関して受け
ることのできる報酬額の上限は、国土交通省告示により以下のように定められている。

 売買・交換の媒介に関し、依頼者の一方から受けることのできる報酬額は、消費税の課
税事業者の場合、売買に係る宅地または建物の代金額または交換に係る宅地建物の価格
（消費税および地方消費税を除く）が400万円超の場合の報酬額は「**売買金額等×3.3％＋
6万6,000円**」が上限となる。

 ただし、低廉な空家等（価格が400万円以下）の売買または交換の媒介・代理であって、
現地調査等の費用を要するものについては、前述の報酬上限額と当該費用相当額を合計し
た金額として18万円（消費税相当額を含まない）を上限に、空家等の売主等から受領する
ことができる。

 貸借の媒介、代理については、貸主と借主の双方から受け取ることのできる報酬の合計
額は**借賃額（消費税および地方消費税を除く）の1カ月分**の1.1倍が限度となっている。

〔図表2-2〕媒介契約の種類

	一般媒介契約	専任媒介契約	専属専任媒介契約
複数の業者への依頼	できる	できない	できない
自己発見取引（※1）	できる	できる	できない
契約期間	上限なし（※2）	3カ月を上限	3カ月を上限
依頼者への営業報告義務	なし	2週間に1回以上	1週間に1回以上
指定流通機構への物件情報の登録義務	なし	7日以内	5日以内
売買交換の申込みがあった場合の報告義務	遅滞なく		

（※1） 自己発見取引とは、依頼者が自ら発見した相手方との取引をいう。
（※2） 標準媒介契約約款では3カ月を上限としている。
　　　　なお、いずれの媒介契約でも注文を受けた場合には、遅滞なく依頼者に報告しなければならない。

　宅地建物取引業者はこの公定報酬額を超える報酬を受けてはならない。

③　不当に高額の報酬を要求する行為の禁止

④　手付についての信用供与による契約の締結の誘引の禁止

　（本章第2節2.「手付金」参照）。

❹ 媒介契約

　不動産の売買や貸借に関して、当事者（売主・買主など）双方の間に介在してその契約の成立に尽力することを媒介（仲介）といい、媒介を依頼する場合は各当事者と媒介者（宅地建物取引業者）との間でその業務内容につき媒介契約を結ぶ。

(1) 媒介契約の種類

　宅地建物取引業法では、媒介契約の種類を〔図表2-2〕のとおり定めている。
　なお、いずれの媒介契約でも、媒介の目的物である宅地または建物の売買または交換の申込みがあったときは、遅滞なくその旨を依頼者に報告しなければならない。

①　一般媒介契約

　依頼者が他の宅地建物取引業者に重ねて媒介や代理を依頼することを認める契約である。また、依頼者が自ら発見した相手方と売買・交換の契約をすることもできる。
　一般媒介契約には、重ねて媒介を依頼した他の宅地建物取引業者を明示する義務のある明示型と明示する義務のない非明示型がある。

② 専任媒介契約

依頼者が他の宅地建物取引業者に**重複依頼**することを**禁ずる**媒介契約をいう。ただし、依頼者が**自ら発見した相手方**と売買・交換の契約をすることは**できる**（依頼先の業者を介さなくてよい）。なお、専任媒介契約の有効期間は**3カ月**を超えることはできず、3カ月を超える契約は**3カ月に短縮**される。また、依頼者からの申出がある場合は更新できるが自動更新の定めはできない。その場合でも更新後の契約期間が3カ月を超えることはできない。また、宅地建物取引業者の義務として指定流通機構への物件の登録（**7日以内・休業日を除く**）や2週間に1回以上の業務処理状況報告がある。

③ 専属専任媒介契約

専任媒介契約のうち、**宅地建物取引業者が探索した相手方以外の者と売買または交換の契約ができない**旨の特約を含むものをいう。この契約では、**依頼者が自ら発見した相手方と売買・交換の契約をすることもできない**。なお、専属専任媒介契約の有効期間も**3カ月**を超えることはできず、3カ月を超える契約は3カ月に短縮される。また、依頼者からの申出がある場合は更新できるが自動更新の定めはできない。その場合でも更新後の契約期間が3カ月を超えることはできない。また、宅地建物取引業者の義務として指定流通機構への物件の登録（**5日以内・休業日を除く**）や1週間に1回以上の業務処理状況報告がある。

(2) 書面の交付義務

宅地建物取引業者は、宅地または建物の売買、交換の**媒介契約**を締結したときは、遅滞なく、物件の表示、価額または評価額、媒介契約の種類、建物状況調査（インスペクション）を実施する者のあっせん等の一定の事項を記載した**書面**を作成して記名をし、**依頼者に交付**しなければならない。なお、2022年5月から電子契約ができるようになった。

❺ 不動産に関する関連法規

(1) 司法書士

司法書士の（有償・無償を問わない）独占業務として、「登記・供託に関する手続の代理」「法務局又は地方法務局に提出する書類等の作成」「登記又は供託に関する審査請求の手続の代理」「筆界特定手続（土地の一筆ごとの境界を決定する行政上の手続）の提出書

類作成」およびこれらの「事務の相談に応ずること」が、司法書士法で定められている。また、法務大臣の実施する簡裁訴訟代理能力認定考査で認定を受けた司法書士は、簡易裁判所における一定の訴訟代理等を行うこともできる（同法3条）。

　ただし、司法書士でない者が「遺言作成の証人となる」ことや「任意後見人となる」ことを行っても、司法書士法には抵触しない。

（2）不動産鑑定士

　不動産鑑定士の独占業務として、報酬を得て業として行う「不動産の鑑定評価」が、不動産の鑑定評価に関する法律で定められている。

（3）土地家屋調査士

　土地家屋調査士の独占業務として、「他人から依頼を受けて、土地や建物の所在・形状・利用状況などを調査し、図面の作成や不動産の表示に関する登記の申請手続などを行うこと」等が、土地家屋調査士法で定められている。

実務上のポイント

- 宅地建物取引業者は、事務所ごとに業務に従事する者5人につき1人以上の割合で専任の宅地建物取引士を置かなければならない。
- 宅地建物取引業者が自ら売主となる契約において、当事者の債務不履行を理由とする契約解除の損害賠償予定額は、代金額の2割を超えてはならない。
- 宅地建物取引業者は、宅地建物の売買、交換、貸借の相手方または依頼者に、その者が取得しまたは借りようとしている宅地または建物に関し、契約の成立までの間に宅地建物取引士（その事務所に専任でなくてもよい）をして一定の事項（重要事項）の書面を交付して説明させなければならない（ただし、取得者または借主が宅建業者の場合は、説明を要せず、書類の交付のみで足りる）。
- 専任媒介契約における指定流通機構への登録義務は、7日以内である。
- 媒介契約において、専任媒介契約および専属専任媒介契約の契約期間は、3カ月が上限である。

第2節
不動産の売買契約上の留意点

❶ 取引の相手方

① 未成年者との売買

　未成年者が相続等により所有者、または共有者の1人となる場合があるが、このような不動産について売買を行う場合は、親権者である父母双方が同意するか、父母が代理して売買を行う必要がある。万一、親権者の同意を得ないで行った売買は、未成年者本人または父母が**取り消すことができる**こととなっている。この場合、親権者である父母を未成年者の法定代理人というが、父母の双方がいないときなどは後見人が置かれ、後見人が法定代理人となる。

② 共有の場合

　相続などで共有になっている不動産を譲渡する場合には、共有者全員の同意が必要である。また、共有者が不明な場合、他の共有者が行方不明者の持分の時価に相当する額を法務局に供託することで、その共有者の持分の取得や第三者への譲渡ができるようになった。相続により共有になった不動産の共有者が不明な場合は、相続開始から10年経過すればこの制度を利用できる。

　なお、共有者が自己の持分を譲渡することは自由である。また、遺言または遺産分割により、その不動産を取得することとなっている者から購入する場合は、遺言に基づく財産の分配の確認や遺産分割協議書の確認を要するが、売主名義での登記がなされたのを確認のうえ取引することが望ましい。

③ 代理人との契約

　権限を与えられた代理人との取引については、**その効果は直接本人に及ぶ**。したがって、代理人と契約する場合は、代理権が確実に与えられているか、代理権の範囲を超えていないかを確認することが必要である。代理人の確認は本人からの委任状で行い、代理権の付与および代理権の範囲を確認する。

　代理権を有しない者が本人に代わって行った不動産の売買契約を本人が追認する場合、別段の意思表示がない限り、原則として契約の時にさかのぼってその効力を生ずる。

② 手付金

(1) 売買契約と手付金

　一般に、不動産の売買契約においては、買主が手付金を支払い、当事者間で売買契約を締結し、その後、売主からの所有権の移転、引渡しおよび登記書類の交付と同時に買主が残金を支払う方法がとられる。

　また、手付金と残金の間に内金（中間金）を支払う場合もある。内金（中間金）は、通常、売買代金の一部の支払として行われるが、特に契約時に支払われる金銭については、手付金であるか否か、手付金として支払う場合はその性格はどのようなものか（定めがないと解約手付と推定される）を明確に定める必要がある。

(2) 手付金の授受と効果

　手付金は、売買などの契約締結の際、当事者の一方から相手方に交付される金銭である。

　手付金は、契約成立の証として（証約手付）、契約違反の場合に没収される違約罰として（違約手付）、または契約解除権を留保するものとして（解約手付）の性格を有する。民法は手付金の目的を定めない場合は解約手付と推定している。

　解約手付が交付された場合は、相手方が契約の履行に着手するまでは、契約を解除することができる（自らが履行していても相手方が履行していなければ契約の解除はできる）。この場合、買主は交付した手付金を放棄して、売主は手付金の倍額を現実に提供（手付金を返還し、さらに同額を買主に提供）して契約を解除する。なお、手付による解除の場合は特約がない限り損害賠償の請求はできない。ここでの「履行の着手」とは、売主は登記や引渡し等、買主は内金（中間金）や残代金の支払等がそれにあたる。履行の準備、たとえば代金支払のための借入申込みなどは履行の着手に当たらない。したがって、相手方が契約の履行を準備している段階では、解約手付による契約の解除が可能である。

　宅地建物取引業法では、宅地建物取引業者が自ら売主となる場合は、代金額の 2 割を超える手付金を受領してはならないとされ、また、手付金は手付に関していかなる定めがある場合でも解約手付としての性質を失わないとされ、買主は、解約手付による契約解除が

できる。さらに、契約書に定めのある手付金を買主に貸し付けたり、買主から分割受領する等の契約誘引行為は禁止されている。

なお、**内金**（中間金）は売買代金の一部の前払いとして支払われる金銭であり、内金の支払は**契約の履行の一部**である。したがって、買主が内金を支払った後は、売主は手付金の倍額を現実に提供することによる契約解除ができなくなる。

❸ 売買対象面積

（1）面積

不動産の面積は登記記録に記録されているが、不動産の**登記面積**と**実測面積**とは必ずしも**一致しているとは限らない**。建物についても増築の登記を行わなかったことにより現状と登記記録の表示とが異なることがあるが、特に、土地については登記面積と実測面積が異なる場合が多く、注意を要する。

建物の床面積は**壁芯**（壁の中心線で測った面積）計算によるが、マンションの専有部分の登記面積は**内法**（壁の内側で測った面積）計算による。マンションの新規分譲で建物の完成前に分譲する場合は、登記面積が確定しないことや販売上の政策もあって、パンフレットや契約書には壁芯計算による面積が記載されている。当然、内法計算による面積は壁芯計算による面積よりも**小さく**なる。

なお、マンションのバルコニーは共用部分であるため、専有部分の面積には含まれない。また、住宅取得等資金贈与に係る相続時精算課税の特例、住宅借入金等特別控除、登録免許税の軽減税率などの国税の特例に関する床面積要件は、登記面積で判定される。

（2）公簿取引と実測取引

土地売買契約において、登記簿売買か実測売買かどうかが問題になる。**登記簿売買**（公簿取引）とは登記上の面積で売買し、後日、実測を行った場合に実測面積が登記面積と相違していたとしても**売買代金の増減精算を行わない**ものである。

一方、実測売買は登記面積を前提に売買契約を締結する（未実測の場合）が、契約から引渡しまでの間に土地の実測を行い、登記面積と実測面積が相違したときは、その面積の差につき一定の単価で売買代金を増減する方法（**実測取引**）である。建物では、登記面積と実際の面積が相違しても、通常、売買代金の増減精算は行わない。

(3) 境界（筆界・所有権界）

　土地の境界には、「筆界」と「所有権界」がある。

　筆界とは、表題登記（表題部に最初にされる登記をいう）がある1筆の土地とこれに隣接する他の土地との間において、その1筆の土地が登記されたときにその境を構成するものとされた2以上の点およびこれらを結ぶ直線をいう。筆界は、ある土地が登記された際にその土地の範囲を区画するものとして定めた公法上の境界であり、所有権の範囲を示すものではない。また、**隣地所有者間で合意しただけでは変更できない**（分筆や合筆の手続が必要）。

　これに対し、所有権界は、所有権の範囲を画する線という意味で用いられ、私法上の境界とされている。隣地所有者間で本来の境界とは異なる位置で互いの土地の範囲を合意することで、私法上の境界を変更することが可能である。

　筆界と所有権界は一致するのが普通だが、土地の一部を譲渡したり、第三者が時効によって所有権を取得したりした場合等には、**筆界と所有権界が一致**しない場合もある。

　隣地との境界の確定は、境界標識や過去の測量図などによって、隣地所有者立会いのもとで行う。境界について確認、合意が得られたときは、測量図に境界同意書を添付して隣地所有者同士が署名捺印する。なお、道路との境界については「道路区域境界明示申請」により立会い、明示を受けることができる。

　境界確定は通常、土地の売主の義務であるので、売主は売買にあたり境界が不明な場合は事前に確定しておく必要がある。また、境界確定の結果、隣地からの越境物や隣地への越境が判明したときは、撤去や将来の撤去を合意しておくなどの措置を講じておく必要がある。

(4) 筆界特定制度

　筆界の現地における位置を特定することを「**筆界特定**」といい、土地家屋調査士が手続きを行う。筆界特定の申請は、土地の**所有権登記名義人等**が土地の固定資産税評価額を基に計算した手数料を支払って行う。申請できるのは所有者やその相続人であり、その土地が共有の場合は、共有者が単独で申請できる。手続に要する費用は**申請人の負担**である。筆界特定の事務は対象地を管轄する法務局（または地方法務局）がつかさどり、**筆界特定登記官**が筆界調査委員の意見を踏まえて行い、筆界特定書を作成する。なお、この筆界特定書の写しは、**だれでも**交付を受けることができる。

❹ 危険負担

たとえば、戸建て住宅の売買契約の成立後、その引渡しまでの間に、建物が売主の責めに帰すことのできない事由（類焼など）で滅失した場合、売主は建物の引渡しはできないが、代金全額（建物の代金も）を買主に請求できるかが問題になる。

これについて、当事者双方の責めに帰することができない事由によって債務を履行することができなくなった場合、先ほどの例でいえば売主が建物の引渡しをすることができなくなった場合は、引渡しを求める債権者（買主）は、反対給付の履行（売買代金の支払い）を拒むことができる。

❺ 契約不適合責任

引き渡された目的物が種類、品質または数量に関して（売主が買主に移転した権利を含む）契約の内容に適合しないものであるときは、買主は、目的物の不適合が買主の責めに帰すべき事由によるものであるときを除き、売主に対し、目的物の修補、代替物の引渡しまたは不足分の引渡しによる**履行の追完を請求**することができる。これを契約不適合責任という。ただし、売主は、買主に不相当な負担を課するものでないときは、買主が請求した方法と異なる方法による履行の追完をすることができる。

引き渡された目的物が契約の内容に適合しない場合に、買主が相当の期間を定めて履行の追完の催告をし、その期間内に履行の追完がないときは、買主は、目的物の不適合が買主の責めに帰すべき事由によるものであるときを除き、その不適合の程度に応じて**代金の減額を請求**することができる。

なお、次に掲げる場合には、買主は、催告をすることなく、直ちに代金の減額を請求することができる。

- ・履行の追完が不能であるとき
- ・売主が履行の追完を拒絶する意思を明確に表示したとき
- ・契約の性質または当事者の意思表示により、特定の日時または一定の期間内に履行をしなければ契約をした目的を達することができない場合において、売主が履行の追完をしないでその時期を経過したとき
- ・買主が催告をしても履行の追完を受ける見込みがないことが明らかであるとき

　また、買主は損害賠償の請求や契約の解除もできる。売主が種類または品質に関して契約の内容に適合しない目的物を買主に引き渡した場合において、買主がその不適合を知った時から1年以内にその旨を売主に通知しないときは、売主が引渡しの時にその不適合を知り、または重大な過失によって知らなかったときを除き、買主は、その不適合を理由として、履行の追完の請求、代金の減額の請求、損害賠償の請求および契約の解除をすることができなくなる。

(1) 宅地建物取引業法

　民法上、契約不適合責任の規定は任意規定であるので、特約により売主の責任を免除したり、内容を変更したりすることができる。しかし、宅地建物取引業法では、宅地建物取引業者が自ら売主となる宅地または建物の売買契約については、契約不適合責任につき買主が通知できる期間を、「物件の引渡しの日から2年以上の期間」とする特約以外に、民法の規定より買主に不利な内容とすることはできない。

　なお、目的物の契約不適合責任以外に、他人の物の売買で権利の全部または一部を買主に移転できない場合や、完全な所有権として売買した土地に第三者の借地権が付着していた場合などについても売主の責任が認められている。

(2) 品確法

　住宅の品質確保の促進等に関する法律（品確法）は、新築住宅（新築後1年を経過していない未使用の住宅）の請負契約または売買契約における瑕疵担保責任の特例として、10年間の瑕疵担保責任を義務づけている。

　新築住宅の請負人は、当該新築住宅を注文者に引き渡した時から10年間（特約で20年まで伸長できる）、住宅の構造耐力上主要な部分等の瑕疵につき民法で定める請負人の担保責任を負う。また、新築住宅の売主は、当該新築住宅を買主に引き渡した時（施工業者と売主が異なるときは施工業者が売主に引き渡した時）から10年間、住宅の構造耐力上主要な部分等の隠れた瑕疵につき、民法で定める売主の契約不適合責任と同様の責任を負う。

　住宅の構造耐力上主要な部分等とは、基礎・柱等、構造耐力上主要な部分または屋根・外壁等、雨水の浸入を防止する部分のうち一定の部分をいう。

　なお、この規定に反する特約で注文者または買主に不利なものは無効となる。

(3) 住宅瑕疵担保履行法

　特定住宅瑕疵担保責任の履行の確保等に関する法律（住宅瑕疵担保履行法）に基づき、

〔図表2－3〕住宅瑕疵担保履行法における資力確保措置

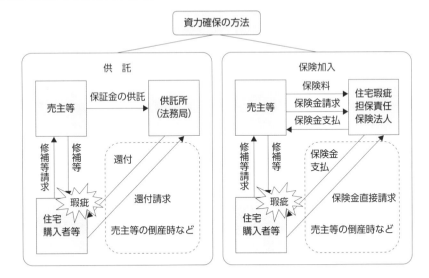

　新築住宅の請負人または売主のうち、一定の建設業者（軽微な工事のみを行うため、建設業許可が不要な業者は除く）と宅地建物取引業者については、新築住宅（賃貸住宅や社宅等を含む）を引き渡す際に、住宅の品質確保の促進等に関する法律で定められた10年間の瑕疵担保責任を確実に履行するための資力確保措置として、次のいずれかの対応が必要となる〔図表2－3〕。

　ａ．国土交通大臣が指定する住宅瑕疵担保責任保険法人が提供する住宅瑕疵担保責任保険に加入する

　ｂ．法務局に対して一定の保証金を供託する

　この資力確保措置により、売主等が倒産等により十分な資力を有さず、瑕疵担保責任が履行できない場合でも、住宅購入者等は補修費用等を保険金または保証金から受け取ることが可能となる。

　なお、住宅建設瑕疵担保保証金は、毎年3月31日を基準日として基準日から過去10年さかのぼって引き渡した新築住宅の総戸数に応じて、基準日から3週間を経過する日までの間に保証金を供託するよう定めている。

　住宅瑕疵担保責任保険契約は、保険金額が2,000万円以上であることや買主が引渡しを受けた時から10年以上の期間、有効な契約であることなどを定めている。

　住宅瑕疵担保責任保険の保険料は、各保険法人により異なるが、戸建て住宅でおおむね

6～9万円程度となり、住宅価格に含めることも可能とされている。

❻ 債務不履行

　売買契約において、債務不履行（履行遅滞、履行不能、不完全履行）が生じた場合、債務者は損害賠償責任を負う。

　履行遅滞（代金の支払が遅れているなど）の場合は、債務者に相当の期間を定めて履行を催促し、催告期間内に履行がない場合は、債権者は債権者自身に落ち度があるときや債務の不履行がその契約および取引上の社会通念に照らして軽微であるときを除き契約を解除できる。一方、債務者が履行不能（売買の目的物である建物が焼失したなど）である場合、債権者は直ちに契約を解除できる。

実務上のポイント

- 権限を与えられた代理人との取引については、その効果は直接本人に及ぶ。
- 解約手付が交付された場合は、相手方が契約の履行に着手するまでは、契約を解除することができる。
- 土地売買契約において、登記簿売買による場合、後日実測を行った場合に実測面積と登記面積が異なっていても売買代金の精算を行わない。
- 筆界は隣地所有者間で合意しても変更することはできない。
- 危険負担により、売買契約締結後から引渡し前までの間に、自然災害などで売主の責によらない事由により建物が滅失した場合、買主は売買代金の支払いを拒むことができる。
- 相続などで共有になっている不動産を譲渡する場合には、原則として、共有者全員の同意が必要である。なお、共有者が自己の持分を譲渡することは自由である。
- 筆界の現地における位置を特定することを「筆界特定」といい、筆界特定の申請は、土地の所有権登記名義人等が土地の固定資産税評価額を基に計算した手数料を支払って行う。
- 引き渡された目的物が種類、品質または数量に関して契約の内容に適合しない物であるときは、買主は売主に対し、目的物の修補、代替物の引渡し、または不足分の引渡しによる履行の追完が請求できる。
- 宅地建物取引業法では、宅地建物取引業者が自ら売主となる宅地建物の売買契約について、契約不適合責任につき買主が行使できる期間を「物件の引渡し日から 2 年以上の期間」とする特約以外に、民法の規定より買主に不利な内容とすることはできない。
- 住宅の品質確保の促進等に関する法律は、新築住宅の請負契約等に、10年間の瑕疵担保責任（20年まで伸長できる）を義務付けている。

第3節

不動産の賃貸借契約

❶ 借地借家法と旧法

　1992年8月1日に借地借家法が施行されたことに伴い、同日以後に設定された借地・借家関係にはそれまでの「借地法」「借家法」および「建物保護ニ関スル法律」（以下、「旧法」という）は適用されなくなった。借地借家法は、旧法の問題点を是正するとともに、定期借地権の制度も盛り込むなど現代の借地ニーズに合わせた法律である。

　しかし、旧法に基づく既存の借地・借家関係には多くの利害関係が生じており、既得権もあることから、既存の借地・借家関係に借地借家法を適用することは、社会的に混乱を生じるおそれがあった。そこで、借地借家法のうち、本質的な部分である正当事由を含めた契約の更新に関する部分は、旧法において成立した既存の借地・借家関係には適用がなく、なお旧法の効力が存続することとされた。

　すなわち、旧法に基づき成立した既存の借地・借家関係については、何度更新されても、また相続や譲渡があってもその内容が変わることはなく、当事者間で、「今回の更新より借地借家法に基づく契約内容とする」などと定めても、その合意は無効となる。したがって、現存する圧倒的多数の借地関係が旧借地法の取扱いとなっている。

　また、2000年3月1日以後に行う新たな借家契約については、定期借家契約とすることができる。

　したがって、現時点では、①旧法による借地関係、借家関係、②借地借家法による普通借地権、③3つの形態の定期借地権および借家関係（普通借家と定期借家）が存することになっている〔図表2−4〕。

〔図表2－4〕借地権の分類

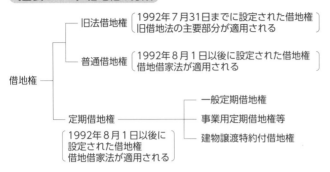

② 借地関係（普通借地契約）

(1) 旧法の借地関係

　借地権とは、建物の所有を目的とする地上権または土地の賃借権である。この点は旧借地法も借地借家法も変わらないが、前述のとおり旧借地法において成立している借地関係については、その主要な部分である権利の存続等に関する事項は、なお旧借地法等による取扱いとすることとなっている。

　旧借地法における借地関係の概要は次のとおりである。

① 存続期間

　旧借地法における借地権の存続期間は〔図表2－5〕のとおりである。

② 建物朽廃による借地権の消滅

　旧借地法では最初の期間および更新後の期間で期間の定めをしなかった場合は、法定された期間にかかわらず、建物の朽廃により借地権は消滅するとしている。朽廃とは時の経過により自然に建物が朽ち果てて、社会経済的効用を失うことである。ただし、火事等によって建物が滅失しても朽廃とは異なり借地権は消滅しない。

〔図表2－5〕旧法における借地権の存続期間

建物の種類	期間の定めあり	期間の定めなし
堅 固 建 物	30年以上	60年
非堅固建物	20年以上	30年

〔図表2－6〕旧法における更新後の存続期間

建物の種類	期間の定めあり	期間の定めなし
堅固建物	30年以上	30年
非堅固建物	20年以上	20年

③ 更新後の期間

旧借地法における契約更新後の存続期間は〔図表2－6〕のとおりである。

なお、借地人からの更新請求は建物が存する場合に限り認められる。借地人の更新請求に対し、地主がこれを拒絶する場合は、正当事由を必要とし、遅滞なく異議を申し立てなければならない。

また、土地の使用継続による法定更新の場合は、建物がなくとも認められる。地主がこれを阻止する場合は、遅滞なく異議を述べなければならないが、建物が存する場合は正当事由を必要とし、建物がない場合は正当事由を必要としない。

④ 正当事由

正当事由について、旧借地法4条では「土地所有者カ自ラ土地ヲ使用スルコトヲ必要トスル場合其ノ他」とし、地主が自ら土地を必要とする場合は、正当事由が認められるような規定になっていた。

ただし、判例では、地主の土地の必要性は、正当事由の判断要素の1つにすぎず、その判断は、両当事者の事情を比較考量すべきとしている。立退料の提供も正当事由を補強するものとして認められるなど、判例の積上げはあるが、条文上は不明確であった。

⑤ 建物再築による期間の延長

借地人が残存期間を超えて存続する建物を再築したときは、地主は遅滞なく異議を述べなければ、建物滅失の日より堅固建物で30年、非堅固建物で20年、借地期間が延長される（残存期間が当該期間より長いときは残存期間とする）。

(2) 借地借家法の借地関係

借地借家法における借地関係の概要は次のとおりである。

① 普通借地権の存続期間

普通借地権の存続期間は〔図表2－7〕のとおりである。借地借家法では、旧借地法と異なり、建物の堅固または非堅固により存続期間を区別することを廃止している。また、建物の朽廃により借地権が消滅する制度も廃止している。

〔図表2-7〕普通借地権の存続期間

種　　類	期間の定めあり	期間の定めなし
当初の期間	30年以上	30年

〔図表2-8〕普通借地権の更新後の存続期間

種　　類	期間の定めあり	期間の定めなし
最初の更新後の期間	20年以上	20年
次回以降の更新後の期間	10年以上	10年

② 普通借地権の更新後の期間

　普通借地権の更新後の存続期間は〔図表2-8〕のとおりである。借地人からの更新請求および土地の使用継続による法定更新の場合は、旧借地法と異なり**建物の存在を条件**とする。建物が存在しない場合は、土地の使用継続の場合も更新することができない。

　なお、地主が更新を拒絶する場合は、遅滞なく正当な事由による異議を申し出なければならない点は、旧借地法と同様である。また、普通借地契約が終了した場合、借地人は地主に対して、**借地上の建物を時価で買い取る**ことを請求できる（建物買取請求権）。

③ 正当事由

　借地借家法では、正当事由の内容について、条文上、明確にされている。これらは、旧法時代の裁判上の判断の積み重ねを整理したものであり、実質的には変わらないとされている。正当事由の内容は主として、①地主と借地人双方の土地の使用を必要とする事情を考慮し、そのほかに②借地に関する従前の経過、③土地の利用状況、④財産上の給付（立退料等）の申出も考慮するというものである。

④ 建物再築による期間の延長

ａ．当初の存続期間内の場合

　当初の存続期間に建物が滅失した場合、借地人は建物を再築することができる。また、地主が再築（残存期間を超えて存続する建物）について承諾した場合は、地主の承諾があった日か再築の日のいずれか早いほうから20年、借地期間が延長される（残存期間が当該期間より長いときや、合意でさらに長い期間を定めたときはその期間）。さらに、借地人が再築の通知をし、地主が2カ月以内に異議を述べなければ、再築を承諾したものとみなされる。

ｂ．更新後の期間内の場合

　まず、更新後の期間内に建物が滅失した場合、借地人は建物を再築しないで、借地契

〔図表2-9〕 普通借地権の比較

借地権の種類	旧借地法	借地借家法
	旧借地法による借地権	普通借地権
建物用途	制限なし	制限なし
設定契約等	制限なし	制限なし
存続期間	堅固建物30年以上（期間の定めのない場合は60年） 非堅固建物20年以上（期間の定めのない場合は30年）	30年以上（期間の定めのない場合は30年）
更新	更新あり、更新拒絶には正当事由が必要	更新あり、更新拒絶には正当事由が必要
更新後の期間	堅固建物30年以上（期間の定めのない場合は30年） 非堅固建物20年以上（期間の定めのない場合は20年）	最初の更新20年以上（期間の定めのない場合は20年） 2回目以降10年以上（期間の定めのない場合は10年）

約を解約することができる。また地主が再築につき承諾した場合は、当初の存続期間と同様に借地期間が20年間延長される。さらに、再築についてやむを得ない事情があるにもかかわらず地主の承諾が得られない場合は、**借地人が裁判所に申し立てて**、地主の承諾に代わる**裁判所の許可**を申し立てることができる。

　ただし、地主の承諾も得ず、裁判所の許可も得られずに建物を再築した場合は、地主は正当事由を要することなく借地契約を解約することができる。この場合、借地関係は解約申入れ後3カ月で終了する。なお、地主が解約をしなければ、期間は変わらずに借地権は存続する。

⑤　**公正証書等の書面**

　普通借地権の設定契約の方法に制限はないため、書面によらなくてもよい。

❸ 借地関係（定期借地契約）

　定期借地権は、前述のとおり、1992年8月1日に施行された「借地借家法」により創設された借地権の一形態で、その最大の特徴は、期限の到来とともに契約が終了する**更新のない借地権**であることにある。

　借地借家法の規定によると、「定期借地権」という言葉は、22条（定期借地権）に規定する50年以上の存続期間で設定される借地権に対して用いられ、23条（事業用定期借地権等）、24条（建物譲渡特約付借地権）と区別されているが、一般的には22条の定期借地権のことを**一般定期借地権**といい、23条の**事業用定期借地権等**、24条の**建物譲渡特約付借地**

第2章

〔図表2-10〕定期借地権の種類と概要

項目	一般定期借地権 (22条)	事業用定期借地権等 (23条)		建物譲渡特約付借地権 (24条)
		事業用定期借地権 (1項)	事業用借地権 (2項)	
設定期間	50年以上	30年以上50年未満	10年以上30年未満	30年以上
		10年以上50年未満		
借地上の建物用途	制限なし	事業用のみ、一部でも（事業的規模でも）居住用は不可		制限なし
契約の方法	公正証書などの書面	公正証書に限る		制限なし（特約を書面とする要件はない）
契約内容	借地契約において、以下の特約をする ・契約の更新がない ・建物築造による存続期間の延長がない ・建物の買取りを請求しない		事業用借地契約を公正証書で締結	借地権設定後30年以上経過した時点での建物譲渡特約をする（期限付売買、売買予約）
終了原因	期間満了			地主への建物譲渡
終了時の措置	更地で返還（原則）			借地人（または借家人）が建物を使用しているときは、新たに借家契約を締結し使用継続

権を含め、これら3つを定期借地権と総称している〔図表2-10〕。以下、本書においてもこのように取り扱う。

(1) 一般定期借地権

　一般定期借地権とは、公正証書等の書面により借地権の**存続期間を50年以上**として設定される借地権で、存続期間の満了により契約は終了するというものである。

　普通借地権においては、契約更新の排除等、借地人に不利な特約は無効とされているが、一般定期借地権については以下の3項目を特約として定めることとし、その特約は有効とされる。

① 契約の更新を排除する特約

　一般定期借地権では、賃貸借契約書に「更新しない」旨の特約を定めることにより、存続期間の満了時に契約は更新されず、借地契約は終了する。

② 建物の再築による存続期間の延長を排除する特約

　一般定期借地権では、「存続期間は延長しない」旨の特約を定めることにより、一般定期借地権の存続期間中に借地人の建物が（たとえば火事で）滅失した場合に、借地人が存続期間を超えるような建物を建てても、存続期間は延長されない。

③ 建物買取請求権を排除する特約

　一般定期借地権では、「建物買取りの請求をしない」旨の特約を定めることにより、借

地人からの建物買取請求権を排除することができる。

　一般定期借地権の設定については、上記①～③の特約を併せて書面でしなければならない。その場合、借地借家法では例として公正証書を挙げているが、**必ず公正証書にしなければならないわけではない**（標準的な契約書でもよい）。なお、2022年5月から一般定期借地権の設定契約は電子契約もできるようになった。

　また、一般定期借地権は登記することができる。この場合、登記記録の乙区欄に一般定期借地権である旨が記録されることとなる。

（2）事業用定期借地権等

　事業用定期借地権等とは、もっぱら事業の用に供する建物（**居住の用に供するものを除く**）の所有を目的として、借地権の**存続期間を30年以上50年未満**として設定される**事業用定期借地権**（長期型）と、借地権の**存続期間を10年以上30年未満**として設定される**事業用借地権**（短期型）の2つをいう。どちらの借地権も登記することができる。

①　事業用定期借地権（長期型）の設定要件

　ａ．もっぱら事業用の建物所有を目的とし、居住用は除かれる。ここでいう「事業」とは、必ずしも営利事業に限らず、公益法人、公共法人の事業も含む。また、住宅は除かれるので、賃貸マンションや社宅の建設は含まれず、建物に一部でも居住用部分があってはならないとされている（ただし、仮眠室、仮宿泊所程度は認められる）

　ｂ．借地権の存続期間を30年以上50年未満とする

　ｃ．事業用定期借地権は、一般定期借地権と異なり、設定契約は**公正証書**に限られる

　なお、事業用定期借地権は30年以上の存続期間であるため、普通借地権に一般定期借地権と同様の3項目（契約の更新を排除する、建物の再築による存続期間の延長を排除する、建物買取請求権を排除する）を特約として借地権設定契約に定めることにより成立する。この点が、事業用借地契約の締結で成立する「事業用借地権」と異なっている。

②　事業用借地権（短期型）の設定要件

　ａ．事業用定期借地権と同様に、もっぱら事業用の建物所有を目的とし、居住用は除かれる

　ｂ．借地権の存続期間を10年以上30年未満とする

　ｃ．**公正証書**により設定契約を行う。事業用借地権についても設定契約は公正証書に限られる

　事業用借地権は30年未満の契約であるため、普通借地権の設定契約に特約をすることはできず、上記のような内容の事業用借地契約を締結することにより、更新に関する諸規定、

建物の再築による存続期間の延長、建物買取請求権の規定の適用が自動的に排除され、結果的に存続期間満了時に土地は更地で返還される。なお、土地の返還時に土地所有者が借地人の建てた建物を買い受けることに合意することはさしつかえない。

（3）建物譲渡特約付借地権

建物譲渡特約付借地権とは、借地権の**存続期間を30年以上**として設定し、借地権設定から30年以上を経過した日に、借地上の建物を土地所有者に相当の対価で譲渡する旨を特約で定めるものである。借地上の建物が土地所有者に買い取られることにより、借地権は消滅する。

① 建物譲渡特約の条件

建物譲渡特約が有効とされる条件として、以下の3項目が挙げられる。

- a．建物の譲渡契約があること
- b．建物の所有権が土地所有者に移る日は、建物譲渡特約付借地権の設定日から30年以上経過した日であること
- c．建物の譲渡が相当の対価をもって行われること

② 建物譲渡特約付借地権の契約および登記

建物譲渡特約付借地権の設定契約は、当該借地権の設定要件によるが、建物譲渡特約には書面化の要件はない。また、登記も義務づけられていないが、30年以上経過した後の建物譲渡による所有権移転の地位を保全するため、通常、建物について所有権移転または所有権移転請求権保全の仮登記を設定することになる。

③ 建物利用関係の継続

建物譲渡特約により建物が土地所有者に譲渡されて借地権が消滅した場合において、**借地人**または**建物賃借人**で借地権の消滅後**建物の使用**を継続している者が請求をしたときは、その建物につき、借地人または建物賃借人と借地権設定者（土地所有者）との間で、**期間の定めのない賃貸借**がされたものとみなされる。この場合において、建物の賃料は当事者の請求により、裁判所が定めることとなる。

また、借地人が請求した場合において、消滅することになる借地権に残存期間があるときは、その残存期間を存続期間とする建物の賃貸借がされたものとみなされる。

ただし、借地人または建物賃借人と借地権設定者（土地所有者）との間で当該借家契約がなされた場合について、定期借家契約とする旨の特約があるときは、その特約に従い、その場合の借家契約は定期借家契約となる。

❹ 借地関係の共通事項等

旧借地法および借地借家法に共通する事項等は以下のとおりである。

① 借地権の譲渡、転貸

建物を賃借権である借地権とともに譲渡しようとする場合、地主が借地権の譲渡承諾をしないときは、裁判所は地主の承諾に代わる許可をすることができるとされている（旧借地法9条の2、借地借家法19条）。

なお、裁判所は承諾に代わる許可を与えるにあたり、当事者間の公平を図るため、借地人に対し譲渡承諾料の支払を命ずるのが通常である。

② 借地権の対抗力

借地権のうち、賃借権には登記請求権がなく、また借地権といえば多くが賃借権であるため、借地権はほとんど登記されていない。そこで、借地権の保護のため借地上の建物の登記を行えば、借地権について対抗力が与えられている。

この点については、旧借地法に基づく借地権には「建物保護ニ関スル法律」の効力が存続し、借地借家法にも同様の規定（借地借家法10条）がある。

③ 自己借地権

借地借家法では、他の者を共同借地人とするという制限はあるものの、自分の土地に自ら借地権を設定することができることとされている。たとえば、借地権付マンションの区分所有建物の一部を地主が所有する場合などが該当する。

④ 借賃増減請求権

地代が、租税公課の増減や土地の価格の高騰・下落その他経済事情の変動により、または近傍類似の土地の地代に比して不相当となったときは、契約の条件にかかわらず、当事者（貸主、借主）は将来に向かって地代の増減を請求することができる。ただし、一定期間地代の増額をしない旨の特約がある場合はその定めに従う。

❺ 借家関係

借地借家法には2000年3月1日より、定期建物賃貸借（定期借家契約）が導入されている。

なお、2000年3月1日より前に締結した借家契約を、定期借家契約に切り換えることは

〔図表 2 -11〕普通借家契約と定期借家契約の相違

項目 ＼ 種類	普通借家契約	定期借家契約
事前説明	－	貸主は契約前に更新がなく、期間満了により契約が終了する旨を記載した書面を交付して説明する必要がある（説明がないと普通借家契約となる）
契約	書面・口頭による契約ともに可能	公正証書等の書面による契約のみ有効
賃貸借の用途	制限なし	制限なし
期間	1 年未満の期間の定めは、期間の定めのないものとされる 最長期間の制限はない	期間を定めなければならないが、期間の制限はなく、1 年未満の期間も可能、最長期間の制限もない
借賃増減請求権	家賃改定に関する特約があっても、原則として借賃増減請求権の行使（賃料の減額）は可能	家賃改定に関する特約をすることにより借賃増減請求権は排除可能（賃料のスライド、固定可能）
借主の中途解約権	①期間の定めのある賃貸借は、期間内は解約不可。ただし、解約特約がある場合は特約に基づき解約可能 ②期間の定めのない賃貸借は、いつでも解約可能で、解約申入れ後、3 カ月経過で終了	中途解約の特約が必要 ただし、居住用の建物の賃貸借で当該部分の床面積が200㎡未満である場合は、転勤、療養、介護等のやむを得ない事情により、賃借人が自己の生活の本拠として使用することが困難な場合は、特約がなくとも中途解約が可能
契約の更新	貸主からの更新拒絶には正当事由が必要	契約の更新は不可 ただし、再契約は可能
建物明渡時期	借主が解約する場合を除き、貸主からは正当事由による更新拒絶または解約が認められない限り解約、明渡しは不可能	原則として、契約期間の終了時
立退料	正当事由の補完材料として、または借主の要望に従い立退料を支払うことにより明渡しを得る	契約更新のない制度のため、契約期間終了時であれば不要
契約期間満了通知	－	1 年以上の契約の場合、期間満了の 1 年前から 6 カ月前までに、貸主は、借主へ契約が終了する旨の通知が必要

できない。

　普通借家契約と定期借家契約の違いは〔図表 2 -11〕のとおりである。

(1) 普通借家契約

　借地借家法の借家関係については次のとおりである。

① 存続期間

　契約で**期間を定める場合は、1 年以上**とする。1 年未満の期間を定めた場合は**期間の定めのないもの**とされる。

　借家契約は、期間の定めのあるものは期間の満了により終了し、期間の定めのないもの

は、家主からは**6カ月**（ただし正当事由が必要）、借家人からは**3カ月**の期間をおいた解約申入れにより終了する。

② 契約の更新等

借家契約終了後、当事者の合意で契約を更新することは可能であるが、更新拒絶や解約申入れには以下のような制約がある。

まず、期間の定めのある借家契約の場合、更新を拒絶する場合は**期間満了の1年前から6カ月前までに更新拒絶の通知をし、家主からの更新拒絶には正当事由を必要とする。**

さらに、更新を拒絶した場合であっても、期間満了後、借家人が建物を継続して使用することに対して家主が遅滞なく異議を述べなければ契約は存続し、その契約は期間の定めのないものとなる。

また、期間の定めのない借家契約の場合も、家主からの解約申入れには正当事由を要し、契約終了後の借家人の使用継続に対し、遅滞なく異議を述べなければ契約が存続することも期間の定めのある場合と同様である。

③ 正当事由

借地借家法では、正当事由の内容について、条文上（28条）、明確にされている。その経緯などは借地の場合と同様である。正当事由の内容は、主として、①家主と借家人双方の建物の使用を必要とする事情を考慮し、そのほかに②借家に関する従前の経過、③建物の利用状況、④建物の現況、⑤財産上の給付（立退料等）の申出を考慮することになる。

(2) 定期借家契約

定期借家契約は、更新がなく一定期間で契約が終了する建物賃貸借契約である。

① 期間

期間の定めのある建物賃貸借契約である必要がある。借家期間は**1年未満でもよく**、最長期間の制限もない。

② 契約

建物賃貸借契約を締結する際は公正証書等の**書面**で行わなければならない。なお、2022年5月から定期借家契約は電子契約もできる。

③ 事前説明

賃貸借契約締結**前**に賃貸人は賃借人に対し、この賃貸借は更新がなく期間満了により終了する旨を書面で説明しなければならない。この**説明がないと**通常の正当事由により賃借人が保護される**普通借家契約**となる。なお、2022年5月から事前説明は電磁的方法によることが認められている。

④　終了通知

　1 年以上の期間の契約では、賃貸人は期間満了の 1 年前から 6 カ月前までに、賃貸借が終了する旨を賃借人に通知しなければならない。この通知を怠った場合は、賃貸借の終了を賃借人に対抗できない。賃借人は現在の借家条件で建物を使用し続けることができる。なお、賃貸人が通知期間の経過後にこの通知をした場合は、通知後 6 カ月経過した時点で賃貸借は終了する。

⑤　更新

　定期借家契約に更新はない。ただし、期間満了後に当事者間で再度定期借家契約を締結することはさしつかえない。

⑥　期間内解約

　期間の定めがある賃貸借については、特約がない限り期間内の解約はできない。しかし、定期借家契約については、居住用の建物の賃貸借で賃貸部分の床面積が200㎡未満であり、転勤、療養、親族の介護その他やむを得ない事情により、賃借人がその建物を自己の生活の本拠として使用することが困難となったときは、定期借家契約の解約を申し入れることができ、1 カ月後に賃貸借が終了する。

⑦　借賃増減請求権の排除

　定期借家契約において家賃の改定に関する特約がある場合、つまり増額あるいは減額しないという特約がある場合は、借地借家法32条（借賃増減請求権）の規定が適用されない。したがって、定期借家契約については、普通借家契約のように家賃の改定に関する特約がある場合であっても、裁判所の判断により家賃が判定され、特約が無効とされるというようなことがなくなる。これは安定した長期的な賃貸収支計画に対して障害となっていた点を改善したものである。

❻ 普通借家契約および定期借家契約の共通事項等

　借家契約に共通する事項等は以下のとおりである。

①　造作買取請求権

　システムキッチンや雨戸など、いったん建物に取り付けると、取り外した場合に価値が下がるようなものを造作という。

　旧借家法では、賃借人が家主の同意を得て取り付けた造作は、借家契約終了時に賃借人の造作買取請求権により家主が買い取らなければならないとし、この規定に反する特約は

無効とされていた。そのため賃貸人が造作の設置について同意を渋り、逆に借家の利便性を阻害するとされていた。

そこで借地借家法では、造作買取請求権を任意規定とし、特約をすることで賃貸人は造作を買い取らなくともよいこととされた。なお、この取扱いは旧借家法により成立した借家関係においても適用され、新たに特約をして造作買取請求権を**排除することができる**。

② 修繕義務

借家における建物の修繕義務は**賃貸人**が負っている。特約がない場合は、賃貸人の負担で修繕することとなる。賃借人が賃貸人に修繕が必要である旨を通知し、または修繕が必要であることを知ったにもかかわらず相当の期間内に必要な修繕をしないとき、または、急迫の事情があるときには、賃借人が自ら修繕をすることができるが、賃借人が修繕費用を負担した場合は賃貸人に返還を請求できる。ただし、修繕が必要となった原因が賃借人の故意や過失による場合は、賃借人は損害賠償として、修繕費を負担することは当然である。

修繕に関して特約がある場合、たとえば「修繕は、すべて賃借人の負担とする」などと定めた場合も、判例、通説は、この特約は賃貸人の修繕義務すべてを免除されるわけではなく、賃借人にすべての修繕義務を負わせるものではないとする。また、このような特約が、契約の経緯や賃料の額等の事情から有効となる場合であっても、賃借人の修繕義務の範囲は、電球の取替え、ふすま・障子の張替え等の小修繕とし、この範囲を超える大修繕については、なお賃貸人の義務とされる。

③ 原状回復

賃借人は、借家契約が終了した場合は、これを原状に回復して賃貸人に返さなければならない。また、賃借人は善良な管理者の注意義務（民法400条）をもって借家を使用する義務があるため、賃借人の故意や過失により損傷した場合は、損害を賠償しなければならない。

一方、賃貸人は借家契約の終了に際し、敷金の返還義務を負うが、敷金は賃貸借期間中の賃借人に対するいっさいの債権を担保するものであるため、原状回復費用も敷金から差し引いて返還することが多く、原状回復の範囲をめぐってのトラブルもみられる。

原状回復の範囲につき特約のない場合は、賃借人の故意・過失に基づく損傷は、修復費用を賃借人が負担するのは当然としても、**通常の使用において生じた自然的損耗は原状回復の範囲外**である。また、新品への取替えを賃借人の負担で行う特約がある場合であっても、修繕義務との関係において、畳やふすま、障子の張替えなど小修繕の範囲までとし、これを超えるものは認められにくいとされる。

第2章

　したがって、時の経過によるヤケや汚れ、通常使用による能力の低下が生じただけで、新たに天井や壁のクロス、じゅうたんの張替え、給湯器の取替えなどを賃借人の負担で行わせるのは、原状回復の範囲を超えるものと考えられる。

④　借家権の対抗力、譲渡、転貸

　借家権の対抗力は、建物の賃借権につき登記がなくとも、建物の引渡しにより生ずる。したがって、建物を買い受けた第三者は新所有者として賃貸人の地位を承継し、以後はその第三者と賃借人との賃貸借関係となる。新所有者は敷金の返還債務も引き継ぐが、保証金等で前所有者との金銭消費貸借と解されるものの返還債務は引き継がない。家賃に比して高額な敷金は、その全部または一部が保証金とみなされる。

　借家権の譲渡・転貸は、賃貸人の承諾を要する（民法612条）。なお、賃貸人に無断で譲渡・転貸した場合は、賃貸人は賃貸借契約を解除することができる。借地と異なり、借家には譲渡・転貸に関する賃貸人の承諾に代わる裁判所の許可制度はない。

⑤　借賃増減請求権

　借賃（賃料）が、租税公課の増減や土地建物の価格の高騰、下落その他経済事情の変動により、または近傍同種の建物の賃料に比して不相当となったときは、契約の条件にかかわらず、当事者（貸主、借主）は将来に向かって賃料の増減を請求することができる。ただし、一定の期間賃料の増額をしない旨の特約がある場合はその定めに従う。なお、前述のとおり、定期借家契約において家賃の改定に関する特約がある場合は、この規定が適用されない。

⑥　敷金

　敷金とは、賃貸人の債権を担保する目的で賃借人から賃貸人に交付される金銭であり、賃貸借契約終了後、賃借人から目的物の返還を受けたのちに、賃借人の未払い賃料や建物の不適切な使用による修繕費などの債務を控除した後に返還するものである。

　敷金は、賃貸人の債権の担保を目的とするため、賃借人から「未払い賃料の支払いに充てる」などの請求はできない。

実務上のポイント

- 建物の譲渡により建物譲渡特約付借地権が消滅した場合において、その建物の賃借人でその消滅後建物の使用を継続している者と借地権設定者との間で、その建物について定期建物賃貸借契約を締結することは可能である。

- 普通借地権では、当初の存続期間に建物が滅失した場合、借地人は建物を再築することができる。また、地主が再築（残存期間を超えて存続する建物）について承諾した場合は、地主の承諾があった日か再築の日のいずれか早いほうから20年、借地期間が延長される（残存期間が当該期間より長いときや、合意でさらに長い期間を定めたときはその期間）。

- 事業用定期借地権等の契約方法は、公正証書に限る。

- 普通借家権における存続期間は1年以上であり、1年未満の期間を定めた場合は期間の定めのないものとされる。

- 定期借家契約における契約期間は、制限がなく、1年未満の契約もできる。

- 定期借家契約において1年以上の契約の場合、期間満了の1年前から6カ月前までに、貸主は借主に対し、契約が終了する旨の通知が必要である。しかし、契約期間が1年未満の場合は必要がない。

- 借地借家法では、造作買取請求権は任意規定とされ、家主は特約により排除することができる。

- 居住用建物を目的とした定期借家契約で、建物の床面積が200㎡未満であり、転勤などのやむを得ない事情がある場合、賃借人からは解約の申入れができ、申入れから1カ月後に賃貸借契約は終了する。

第**3**章
不動産に関する法令上の規制

第1節

都市計画法

都市計画とは、「総合的な街づくりの計画」のことであるが、その内容や決定手続、計画を実現するために必要な制限や事業等について定めているのが**都市計画法**である。

都市計画は、原則として**都市計画区域**に指定された区域内で定められるが、一部の都市計画については**準都市計画区域**内でも定めることができる。また、都市施設に関する都市計画は、都市計画区域外でも定めることができる。

❶ 都市計画区域の指定

(1) 都市計画区域

都市計画区域とは、一体の都市として総合的に整備、開発、保全する必要上、都道府県が指定した区域をいい、都市計画区域に指定されると都市計画法によるさまざまな都市計画が定められ、土地利用について制限を受けることになる。

都市計画区域の指定は、**都道府県**が関係市町村および都道府県都市計画審議会の意見を聞き、国土交通大臣の同意を得て行うことになっているが、**2以上の都府県の区域にわたる場合**は、**国土交通大臣**が関係都府県の意見を聞いて行うことになっている。

(2) 準都市計画区域

都市計画区域に指定されていない区域で、新設された高速道路のインターの周辺等では、用途の無秩序な混在や良好な景観の喪失が進行してしまうことが懸念される。

そのため、都市計画区域外の区域のうち、相当数の建築物の建築や敷地の造成が行われたり、見込まれる一定の区域で、将来の計画的な街づくりを実現するうえで支障が生じるおそれがあると認められる一定の区域を**準都市計画区域**として指定し、用途地域、特別用途地区、風致地区等の地域地区に関する都市計画の一部を定めることができる。

　準都市計画区域の指定は、都道府県があらかじめ関係市町村および都道府県都市計画審議会の意見を聞いて行うことになっている。

❷ 都市計画の内容

　都市計画として次のような内容が定められる。

　都市計画が決定すると都市計画の施行区域内の一定の土地の区画形質の変更や建物の建築は、都道府県知事の許可が必要となる。

(1) 区域区分

　都市計画区域内では、無秩序な市街化を防止し計画的な市街化を図る必要があるときは、都市計画に市街化区域と市街化調整区域との区分を定めることができる〔図表3－1〕。

　市街化区域とは、すでに市街地を形成している区域（既成市街地）およびおおむね10年以内に優先的かつ計画的に市街化を図るべき区域（計画開発区域）である。

　市街化調整区域とは、市街化を抑制すべき区域である。

〔図表3－1〕種類別都市計画の内容

都市計画	種類	内容	決定権者
都市計画区域の区分	市街化区域	すでに市街地を形成している区域およびおおむね10年以内に優先的かつ計画的に市街化を図るべき区域	都道府県
	市街化調整区域	市街化を抑制すべき区域	
	非線引き都市計画区域	いわゆる線引きされていない都市計画区域（用途地域を定めることができる）	
準都市計画区域		用途地域等の都市計画決定等を通じ、土地利用の整序のみを行うことを目的として指定する区域	都道府県
地域地区	用途地域	〔図表3-2〕参照	都道府県または市町村
	特別用途地区	用途地域を補完するため条例で定める区域	
	その他	特定用途制限地域　特例容積率適用地区高層住居誘導地区 高度地区または高度利用地区 特定街区　都市再生特別地区等 防火地域または準防火地域 特定防災街区整備地区　景観地区 風致地区　駐車場整備地区　臨港地区 歴史的風土特別保存地区等 緑地保全地域等　流通業務地区 生産緑地地区　伝統的建造物群保存地区 航空機騒音障害防止地区等	

促進区域	市街地再開発促進区域 土地区画整理促進区域 住宅街区整備促進区域 拠点業務市街地整備土 地区画整理促進区域	市街化区域内において市街地の計画的な整備または開発を促進する区域	市町村
遊休土地転換利用促進地区		市街化区域内の大規模な遊休地について有効かつ適切な利用を促進する区域	市町村
被災市街地復興推進地域		大規模な災害を受けた市街地の計画的な整備改善を促進して、その緊急かつ健全な復興を図るための計画	市町村
都市施設	交通施設 公共空地 供給処理施設 水路 教育文化施設 医療施設または社会福祉施設 市場と畜場または火葬場 一団地の住宅施設 一団地の官公庁施設 流通業務団地 一団地の津波防災拠点市街地形成施設 一団地の復興再生拠点市街地形成施設等 電気通信事業施設または防風等の施設	都市計画で都市計画区域内にインフラ等の都市の骨格を構成する施設を定めることができる。特に必要があるときは都市計画区域外においても定めることができる。	都道府県または市町村
市街地開発事業	土地区画整理事業 新住宅市街地開発事業 工業団地造成事業 市街地再開発事業 新都市基盤整備事業 住宅街区整備事業 防災街区整備事業	都市計画区域内において一定の区域を総合的な計画に基づいて新たに開発し、あるいは再開発する事業	都道府県または市町村
市街地開発事業等予定区域	新住宅市街地開発事業 工業団地造成事業 新都市基盤整備事業 一団地の住宅施設（区域の面積20ha以上） 一団地の官公庁施設 流通業務団地 ｝の予定区域	市街地開発事業等の都市計画の決定前であっても、区域、施行予定者等の概要が定まった段階で定めることができ、都市計画制限を課すことにより大規模開発適地を確保する区域	都道府県
地区計画等	地区計画 防災街区整備地区計画 歴史的風致維持向上地区計画 沿道地区計画 集落地区計画	都市計画で都市計画区域内に地区計画＝良好な環境の各街区を整備し、および保全するための計画を定めることができる。	市町村

　都市計画区域には、市街化区域と市街化調整区域の区分がなされている都市計画区域（**線引き都市計画区域**）と、区分がなされていない都市計画区域（**非線引き都市計画区域**）がある。

(2) 地域地区

　地域地区は、基本的地域地区である用途地域と、用途地域を補うために設けられた補助的地域地区の 2 つに分けられる。

　都市計画区域内では、これら地域地区のうち必要なものを定めることになっているが、準都市計画区域内では、用途地域等一定の地域地区の中から必要なものを定めることになっている。

　用途地域は住居系 8 種類、商業系 2 種類、工業系 3 種類があり、合計13種類の用途地域がある〔図表 3 － 2〕。**市街化区域内**では、少なくとも**用途地域は定めなければならない**が、**市街化調整区域内では、原則として定めないことになっている**。

　特別用途地区は、用途地域内において、特別の目的からする土地利用の増進、環境の保護等を図るため定める地区である。具体的な規制内容は、地方公共団体の条例により定められる。この特別用途地区は条例で用途地域内の制限を強化することも緩和することもで

第3章

〔図表 3 － 2〕用途地域

住居系	1	第 1 種低層住居専用地域	低層住宅に係る良好な住居の環境を保護するため定める地域
	2	第 2 種低層住居専用地域	主として低層住宅に係る良好な住居の環境を保護するため定める地域
	3	田園住居地域	農業の利便の増進を図りつつ、これと調和した低層住宅に係る良好な住居の環境を保護するために定める地域
	4	第 1 種中高層住居専用地域	中高層住宅に係る良好な住居の環境を保護するため定める地域
	5	第 2 種中高層住居専用地域	主として中高層住宅に係る良好な住居の環境を保護するため定める地域
	6	第 1 種住居地域	住居の環境を保護するため定める地域
	7	第 2 種住居地域	主として住居の環境を保護するため定める地域
	8	準住居地域	道路の沿道としての地域の特性にふさわしい業務の利便の増進を図りつつ、これと調和した住居の環境を保護するため定める地域
商業系	9	近隣商業地域	近隣の住宅地の住民に対する日用品の供給を行うことを主たる内容とする商業その他の業務の利便を増進するため定める地域
	10	商業地域	主として商業その他の業務の利便を増進するため定める地域
工業系	11	準工業地域	主として環境の悪化をもたらすおそれのない工業の利便を増進するため定める地域
	12	工業地域	主として工業の利便を増進するため定める地域
	13	工業専用地域	工業の利便を増進するため定める地域

きるが、制限を緩和する場合には国土交通大臣の承認を受けなければならない。

高度地区は、用途地域内において市街地の環境を維持し、または土地利用の増進を図るため、建築物の高さの最高限度または最低限度を定める地区である。

高度利用地区は、用途地域内の市街地における土地の合理的かつ健全な高度利用と都市機能の更新とを図るため、建築物の容積率の最高限度および最低限度、建築物の建蔽率の最高限度、建築物の建築面積の最低限度ならびに壁面の位置の制限を定める地区である。

特定用途制限地域は、用途地域が定められていない土地の区域（市街化調整区域を除く）内において、その良好な環境の形成または保持のため当該地域の特性に応じて合理的な土地利用が行われるよう、制限すべき特定の建築物等の用途の概要を定める地域である。

❸ 開発許可制度と許可条件

都市計画区域内または準都市計画区域内で開発行為に該当する行為を行う場合には、事前に都道府県知事または指定都市等の長の許可を受けなければならない。なお、都市計画区域および準都市計画区域以外の区域内においても1ha（1万㎡）以上の開発行為を行う場合は、あらかじめ都道府県知事等の許可を受けなければならない。

(1) 開発行為

開発行為とは、主として建築物の建築または特定工作物の建設の用に供する目的で行う土地の区画形質の変更をいう。その意味は以下のとおりである。

a. 建築物・建築

建築基準法の規定による建築物および建築をいう。

b. 特定工作物

コンクリートプラントや危険物貯蔵・処理用工作物など周辺地域の環境の悪化をもたらすおそれがある工作物（第1種特定工作物）と、ゴルフコースや1ha以上の規模の野球場、遊園地、動物園、墓園などの大規模工作物（第2種特定工作物）をいう。

c. 建築、建設の用に供する

建築物の建築、特定工作物の建設を目的としない造成工事は、開発行為には該当しないため、都道府県知事等の許可は不要である。具体的には、土地を造成して資材置場や青空駐車場にするという行為は開発行為にはならない。

d．区画の変更

建築、建設のため土地の区画を変更することをいう。すなわち、建築物、特定工作物の利用に付随した区画として、道路等による物理的な土地の区画を変更することをいい、単なる土地の分筆、合筆など権利区画の変更だけでは区画の変更とはならない。

e．形質の変更

切土、盛土^(注)等によって土地の物理的な形状を変更することと、農地などを宅地に変更するような利用上の性質の変更をいう。

> **注** 山腹や丘の斜面などの傾斜地を造成するときなどに、土砂を削り取って残った部分を「切土」、他から採取した土砂を古い地盤の上に盛り上げて平らにしたところを「盛土」という。

(2) 開発行為の規制

都市計画区域または準都市計画区域内の開発行為については、原則として都道府県知事等の許可が必要であるが、開発行為に該当しても許可不要な行為もある。開発行為の規制の概要は〔図表3-3〕のとおりである。

〔図表3-3〕開発行為の規制

市街化区域	……計画的な市街化を図るための区域であるので、一定の基準に適合すれば開発できる。
市街化調整区域	……市街化を抑制するための区域であるので規制は厳しく、市街化を促進しないものや公益的なものに限り開発が認められる。
非線引き都市計画区域および準都市計画区域	……市街化を抑制する必要がない区域であるので規制は緩く、一定の基準に適合すれば開発できる。

開発行為の規制の目的はスプロール（乱開発等）を防止して秩序ある市街地を形成することにあるから、この見地から支障のない以下のa．～i．については許可を要しないことになっている〔図表3-4〕。

　a．市街化区域内で行う1,000㎡（三大都市圏の一定の区域の市街化区域については500㎡）未満の開発行為（都道府県等の条例で300㎡まで引下げ可）

　b．非線引き都市計画区域内および準都市計画区域内で行われる3,000㎡未満の開発行為（都道府県等の条例で300㎡まで引下げ可）

　c．市街化調整区域、非線引き都市計画区域または準都市計画区域内で行われる農業、林業もしくは漁業の用に供する一定の作業場、またはこれらの業務を営む者の居住の用に供する建築物の建築の用に供する目的で行う開発行為

　d．駅舎その他の鉄道施設、図書館、公民館、変電所等の公益上必要な一定の建築物の

建築の用に供する目的で行う開発行為

e．都市計画事業、都市計画区域内での土地区画整理事業、市街地再開発事業、防災街区整備事業、市街化区域内での住宅街区整備事業の施行として行う開発行為

f．公有水面埋立ての免許を受けて行う開発行為で一定のもの

g．非常災害のため必要な応急処置として行う開発行為

h．通常の管理行為または軽易な行為等で一定のもの

i．都市計画区域および準都市計画区域外で行われる1ha 未満の開発行為

〔図表3－4〕許可が不要とされる面積

区　域	市街化区域	市街化調整区域	非線引き都市計画区域および準都市計画区域
面　積	1,000㎡または500㎡未満(300㎡まで引下げ可)	なし	3,000㎡未満(300㎡まで引下げ可)

（※）カッコ内は都道府県等の条例で定められる面積

(3) 建築制限

開発行為とは建築物（または特定工作物）の建築（または建設）まで結び付いたものであるから、これに対して一定の制限を加えなければ開発行為の規制は十分に機能しないことになる。このため都市計画法においては、以下のような建築行為の規制が行われている。

① 開発許可に関する建築形態条件

都道府県知事等は、用途地域が定められていない土地の区域について開発許可をする場合において必要と認めるときは、建築物の建蔽率、建築物の高さ、壁面の位置その他建築物の敷地、構造および設備に関する制限を定めることができる。

② 工事完了公告前の建築制限

開発許可を受けた開発区域内の土地においては、**工事完了の公告**(注)があるまでの間は一定の場合を除き、建築物の建築または特定工作物の建設を行うことができない。ただし、工事完了公告があるまでの間でも、**土地を譲渡することに制限はない**。

🈩 申請者より開発行為に関する工事が完了した旨の届出があると、都道府県知事等は完了検査を行い、許可申請の内容に適合していると認めれば検査済証を交付し、工事完了の公告を行わなければならない。

③ 工事完了公告後の建築制限

開発許可を受けた開発区域内では、工事完了公告があった後であっても、開発許可の内容である**予定建築物以外の建築物の新築**や、**予定特定工作物以外の新設**はできない。また、建築物の改築や用途変更により予定建築物等以外の建築物等にしてはならない。ただし、

（イ）用途地域が定められているとき、（ロ）都道府県知事等が利便の増進上、環境の保全上支障がないと認めて許可したときには、予定建築物等以外の建築物等の新築等が認められる。したがって、市街化区域内では、用途地域に関する制限の範囲内での変更が認められる。

（4）変更の手続等

　開発許可を受けた事項を変更するときは、軽微な変更等を除き、あらためて都道府県知事の許可を要する。

　開発許可を受けた者の相続が開始したときなどで、相続人が地位を承継した場合には承継に対して都道府県知事の承認は不要であるが、特定承継人が開発許可を受けた土地の所有権を取得するなど、開発許可に基づく地位を承継する場合には都道府県知事の承認が必要となる。

第3章

実務上のポイント

- 市街化区域とは、すでに市街地を形成している区域およびおおむね10年以内に優先的かつ計画的に市街化を図るべき区域である。
- 都市計画区域のうち市街化区域では、地域地区のうち少なくとも用途地域は必ず定めることになっている。
- 単なる分筆や合筆など権利区分の変更は、区画の変更に該当せず、開発行為にあたらない。
- 都市計画事業や市街地再開発事業として行う開発行為は、区域、面積にかかわらず開発許可は不要である。
- 工事完了公告前であっても、開発区域内の土地の譲渡はできる。

第2節

建築基準法

　建築基準法は、建築物の敷地、構造、設備および用途に関する最低の基準を定めて、国民の生命、健康および財産の保護を図ることを目的として制定されている。

　建築基準法上の主な規制には、全国に適用される**単体規定**（同法2章）と都市計画区域および準都市計画区域内に限り適用される**集団規定**（同法3章）とがある。集団規定の代表的なものに、**接道義務、用途地域内の用途制限、容積率、建蔽率、高さ制限**などがある。

　なお、既存不適格建築物（建築当時は適法であったが、現行の建築基準法の規定に適合しなくなった建築物）については、新たに施行または適用された規定のうち適合していないものは適用除外とされ、また、国宝等の建築物も建築基準法の規制の対象とならない。

　建築主は、建築物を建築しようとする場合には、**当該工事に着手する前に**、その建築物の計画が法律等の規定に適合していることについて建築主事^(注)等の確認を受けなければならない。これを**建築確認**という。

　建築確認が必要な建築物は、その用途、構造、規模や建築物が所在する地域によってそれぞれ異なっている〔図表3−5〕。また、一定の工作物や建築設備の設置に対しても建築確認の規定が準用される。

🈭 建築主事とは、建築確認を行うため地方公共団体に設置される公務員をいう。また、国土交通大臣や都道府県知事から指定された民間の機関である指定確認検査機関も建築主事と同等の権限をもっている。

1 道路に関する制限

(1) 接道義務

　都市計画区域および準都市計画区域内の建築物の敷地は、建築基準法上の道路（自動車専用道路等を除く）に2m以上接していなければならない。これを**接道義務**という。ただ

〔図表3－5〕建築確認を必要とする場合

		建築物の種類、規模	新築	増改築・移転	大規模修繕・模様替	用途変更
全　　国		①　特殊建築物……劇場、集会場、病院、ホテル、共同住宅、学校、百貨店、キャバレー、遊技場、倉庫、自動車修理工場等　建築基準法別表一に掲げる特殊建築物の用途に供する部分の床面積の合計が200㎡を超えるもの	○	○ (※1)	○	○ (※2)
		②　大規模建築物 （イ）　木造建築物……3階以上または延べ面積 500㎡、高さが13mもしくは軒の高さが9mを超えるもの	○	○ (※1)	○	
		（ロ）　木造以外の建築物……2階以上または延べ面積 200㎡を超えるもの	○	○ (※1)	○	
都市計画区域もしくは準都市計画区域等（注3）	防火・準防火地域外	上記①②以外の一般建築物 （イ）　床面積の合計が 10㎡を超えるもの	○	○		
		（ロ）　床面積の合計が 10㎡以下のもの	○			
	防火・準防火地域内	全部の建築物	○	○		

（※1）10㎡以下の場合を除く。
（※2）特殊建築物への用途変更が政令で指定する類似用途相互間の場合を除く。
（※3）都道府県知事等が定める区域を除く。②（ロ）の建築物を除くほか、都市計画区域もしくは準都市計画区域（いずれも都道府県知事が都道府県都市計画審議会の意見を聴いて指定する区域を除く。）もしくは景観法第七十四条第一項の準景観地区（市町村長が指定する区域を除く。）内または都道府県知事が関係市町村の意見を聴いてその区域の全部もしくは一部について指定する区域内における建築物

し、その敷地の周囲に広い空地を有する建築物や一定の基準に適合する建築物で、特定行政庁（注）が交通上、安全上、防災上および衛生上支障がないと認めて建築審査会の同意を得て許可したものには、接道義務の規定は適用されない。

（注）特定行政庁とは、建築主事を置く市町村の区域内では市町村長、建築主事を置いていない市町村の区域内では都道府県知事をいう。

（2）道路の定義

建築基準法上の道路とは幅員 4 m以上のもので次のものをいう。なお、特定行政庁が指定する区域内においては幅員 6 m以上のものをいう。

a．1号道路……道路法による道路

b．2号道路……都市計画法、土地区画整理法等による道路

c．3号道路……建築基準法3章の規定の適用の際、すでにあった道

d．4号道路……道路法、都市計画法等による新設または変更の事業計画のある道路で、

2 年以内にその事業が執行される予定のものとして特定行政庁が指定したもの

e. 5 号道路……土地を建築物の敷地として利用するため、道路法などの法律によらないで築造する一定の基準に適合する道で、築造者が特定行政庁からその位置の指定を受けたもの（いわゆる位置指定道路）

なお、建築基準法 3 章の規定（集団規定）の適用の際、現に建築物が立ち並んでいる道で、**特定行政庁が指定したものは、幅員が 4 m 未満であっても道路とみなされる**。

この場合には**現況道路の中心線から水平距離 2 m ずつ両側に後退した線が道路境界線とみなされる**。この規定は建築基準法42条 2 項に設けられていることから、この規定により道路とみなされる道を一般に**42条 2 項道路**という。ただし、中心線から 2 m 未満で、**一方ががけ地、川、線路敷地等である場合には、川等から 4 m 後退した線が道路境界線とみなされる**。このように道路境界線を後退させることを**セットバック**という。また、セットバックした、いわゆるみなし道路部分の土地面積は、**建築の際、建蔽率と容積率の計算上の敷地面積に算入されない**〔図表 3 － 6〕。

同様に、特定行政庁が幅員を 6 m 以上と指定する区域内の道で、特定行政庁が指定したものは、幅員が 6 m 未満であっても道路とみなされる。

また、建築基準法上の道路には私道も含まれるが、たとえ私道であっても私道の変更または廃止によって、接道義務に抵触するような場合には、特定行政庁は、その私道の変更または廃止を、禁止または制限することができる。

〔**図表 3 － 6**〕**42条 2 項道路**

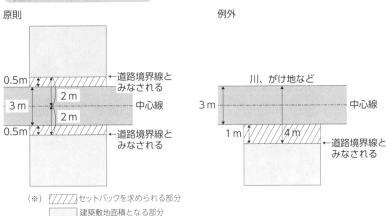

❷ 用途に関する制限

　都市計画法を実現するための建築基準法では、用途地域内での建築物の用途を制限して、建築することができるものとできないものとを定めている。

　用途制限の概要は〔図表3－7〕に示すとおりである。

　ただし、特定行政庁が、用途地域の目的を害するおそれがないと認め、または公益上やむを得ないと認めて許可した場合はこの制限にかかわらず建築することができる。

　1棟の建築物の敷地が2以上の用途地域にわたるときは、その敷地の全部について過半の属する地域の制限を受ける。たとえば、〔図表3－8〕のような敷地全体に1棟の建築物を建築する場合、建築物の用途は敷地の過半を占めている第1種住居地域の制限を受ける。

❸ 建蔽率制限

　建築物の建築面積の敷地面積に対する割合のことを建蔽率という。商業地域の建蔽率は80%であるが、他の地域は複数の数値の中から都市計画で定められる。また、環境、延焼防止等の観点から建蔽率が緩和または不適用となる場合もある。

　建蔽率の限度は〔図表3－9〕に示すとおりである。

第3章

〔図表3－7〕用途地域内の建築制限

分類	例示	第1種低層住居専用地域	第2種低層住居専用地域	田園住居地域	第1種中高層住居専用地域	第2種中高層住居専用地域	第1種住居地域	第2種住居地域	準住居地域	近隣商業地域	商業地域	準工業地域	工業地域	工業専用地域
居住用	住宅、共同住宅、寄宿舎、下宿	○	○	○	○	○	○	○	○	○	○	○	○	×
文教	幼稚園、小学校、中学校、高等学校	○	○	○	○	○	○	○	○	○	○	○	×	×
文教	大学、高等専門学校、専修学校等	×	×	×	○	○	○	○	○	○	○	○	×	×
文教	自動車教習所	×	×	×	×	×	*C	○	○	○	○	○	○	○
文教	図書館等	○	○	○	○	○	○	○	○	○	○	○	○	×
宗教	神社、寺院、教会等	○	○	○	○	○	○	○	○	○	○	○	○	○
医療福祉等	保育所（認定こども園を含む）、公衆浴場、診療所	○	○	○	○	○	○	○	○	○	○	○	○	○
医療福祉等	老人ホーム、福祉ホーム等	○	○	○	○	○	○	○	○	○	○	○	○	×
医療福祉等	老人福祉センター、児童厚生施設等	*A	*A	*A	○	○	○	○	○	○	○	○	○	○
医療福祉等	病院	×	×	×	○	○	○	○	○	○	○	○	×	×
商業用	店舗・事務所：床面積の合計が150㎡以内の一定の店舗、飲食店等	×	○	○	○	○	○	○	○	○	○	○	○	*E
商業用	店舗・事務所：床面積の合計が500㎡以内の一定の店舗、飲食店等	×	×	×	○	○	○	○	○	○	○	○	○	*E
商業用	店舗・事務所：上記以外の物品販売業を営む店舗、飲食店	×	×	×	×	*B	*C	*D	*D	○	○	○	*D	×
商業用	店舗・事務所：上記以外の事務所等	×	×	×	×	*B	*C	○	○	○	○	○	○	○
商業用	風俗営業：マージャン屋、パチンコ屋、射的場等	×	×	×	×	×	×	*D	*D	○	○	○	*D	×
商業用	風俗営業：カラオケボックス、ダンスホール等	×	×	×	×	×	×	*D	*D	○	○	○	*D	*D
商業用	風俗営業：キャバレー、料理店等	×	×	×	×	×	×	×	×	×	○	○	×	×
商業用	風俗営業：個室付き浴場業に係る公衆浴場等	×	×	×	×	×	×	×	×	×	○	×	×	×
商業用	ホテル、旅館	×	×	×	×	×	*C	○	○	○	○	○	×	×
商業用	客席の床面積の合計が200㎡未満の劇場、映画館、ナイトクラブ等	×	×	×	×	×	×	×	○	○	○	○	×	×
商業用	客席の床面積の合計が200㎡以上の劇場、映画館、ナイトクラブ等	×	×	×	×	×	×	×	×	○	○	○	×	×
公共施設等	巡査派出所、公衆電話所等	○	○	○	○	○	○	○	○	○	○	○	○	○
レジャー施設	ボーリング場、スケート場、水泳場等	×	×	×	×	×	*C	○	○	○	○	○	○	×
車庫	2階以下かつ床面積の合計が300㎡以下の自動車車庫	×	×	×	○	○	○	○	○	○	○	○	○	○
車庫	3階以上または床面積の合計が300㎡を超える自動車車庫、営業用倉庫	×	×	×	×	×	×	×	○	○	○	○	○	○
工場	危険性や環境悪化のおそれが非常に少ない作業場の床面積が500㎡以下の工場	×	×	×	×	×	○	○	○	○	○	○	○	○
工場	危険性や環境悪化のおそれが少ない作業場の床面積が150㎡以下の工場	×	×	×	×	×	×	×	×	○	○	○	○	○
工場	作業場の面積が150㎡を超える工場	×	×	×	×	×	×	×	×	×	×	○	○	○
工場	危険性が大きいかまたは著しく環境を悪化させるおそれのある工場	×	×	×	×	×	×	×	×	×	×	×	○	○
農業	農作物の生産、集荷、処理、貯蔵に供するもの／農業の生産資材の貯蔵に供するもの／地域で生産された農作物の販売を主たる目的とする店舗、その他一定の店舗、飲食店	×	×	○	×	○	○	○	○	○	○	○	○	○

＊A　当該用途に供する部分が600㎡以下の場合に限り建築可能。
＊B　当該用途に供する部分が2階以下かつ1,500㎡以下の場合に限り建築可能。
＊C　当該用途に供する部分が3,000㎡以下の場合に限り建築可能。
＊D　当該用途に供する部分が1万㎡以下の場合に限り建築可能。
＊E　物品販売店舗、飲食店が建築禁止。
（※1）　本表は、建築基準法別表二の概要であり、すべての制限について掲載したものではない。
（※2）　第2種住居地域、準住居地域、工業地域または用途地域が定められていない土地の区域（市街化調整区域を除く）において、床面積の合計が1万㎡超の店舗、劇場、映画館など（特定大規模建築物）については、用途を緩和する地区計画（開発整備促進区）が決定された場合に限り建築可能。

〔図表3－8〕　2以上の用途地域にわたる場合

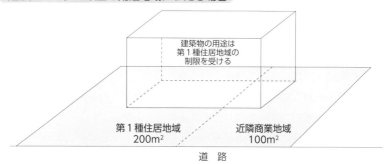

建築物の用途は
第1種住居地域の
制限を受ける

第1種住居地域
200m²

近隣商業地域
100m²

道　路

〔図表3－9〕　建蔽率の限度

用途地域	建蔽率（%）
第1種・第2種低層住居専用地域 第1種・第2種中高層住居専用地域 田園住居地域 工業専用地域	30、40、50、60
第1種・第2種住居地域、準住居地域 準工業地域	50、60、80
近隣商業地域	60、80
商業地域	80
工業地域	50、60
用途地域の指定のない区域（※）	30、40、50、60、70

（※）特定行政庁が都道府県都市計画審議会の議を経て定める。

①　建蔽率の緩和と不適用

　次のうちいずれかに該当するときは、〔図表3－9〕の数値に**10%**を、aとc、bとcの両方に該当するときは**20%**を加えることができる。

　a．防火地域内：耐火建築物および耐火建築物と同等以上の延焼防止性能の建築物を建築する場合

　　ｂ．準防火地域内：耐火建築物、準耐火建築物およびこれらの建築物と同等以上の延焼
　　　防止性能の建築物を建築する場合

　　ｃ．街区の角にある敷地（**角地**）またはこれに準ずる敷地で、**特定行政庁が指定するも
　　　の**の内にある建築物

また、次のいずれかに該当する建築物については、建蔽率の制限はない（上限が100％
となる）。

　　ａ．建蔽率が80％とされている地域内で、かつ、**防火地域内**にある**耐火建築物**および耐
　　　火建築物と同等以上の延焼防止性能の建築物

　　ｂ．巡査派出所、公衆便所、公共用歩廊その他これらに類するもの

　　ｃ．公園、広場、道路、川その他これらに類するものの内にある建築物で、特定行政庁
　　　が安全上、防火上および衛生上支障がないと認めて許可したもの

② **敷地が2以上の地域・区域にわたる場合**

建築物の敷地が建蔽率の異なる地域にわたる場合には、それぞれの地域の建蔽率にその
地域に含まれている敷地の面積の割合を乗じたものを合計した数値が、その敷地の建蔽率
となる。つまり、**加重平均方式**によって建蔽率の最高限度を算出することになる。

2つ以上の建蔽率にまたがる敷地の例

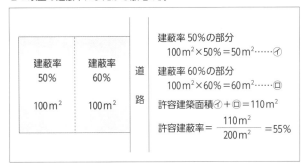

③ **敷地が防火地域の内外にわたる場合の耐火建築物**

建築物が**防火地域の内外にわたる場合**、原則として**厳しいほうの防火地域の規制**を受け
る。その場合に敷地内の**建築物の全部が耐火建築物**であるときは、その敷地は**すべて防火
地域内にあるものとみなして**建蔽率の緩和または不適用の規定が適用される。

また、建築物が準防火地域と、防火地域および準防火地域以外の区域にわたり、耐火建
築物等または準耐火建築物等であるときは、その敷地はすべて準防火地域にあるものとみ
なして建蔽率の緩和の規定が適用される。

〔図表3－10〕容積率の限度表

用途地域	容積率（%）
第1種・第2種低層住居専用地域 田園住居地域	50、60、80、100、150、200
第1種・第2種中高層住居専用地域 第1種・第2種住居地域、準住居地域 近隣商業地域、準工業地域	100、150、200、300、400、500
商業地域	200、300、400、500、600、700、800、 900、1,000、1,100、1,200、1,300
工業地域、工業専用地域	100、150、200、300、400
用途地域の指定のない区域 [※]	50、80、100、200、300、400

（※）特定行政庁が都道府県都市計画審議会の議を経て定める。

④ 容積率制限

　建築物の延べ面積の敷地面積に対する割合のことを**容積率**という。延べ面積とは、建築物の各階の床面積の合計をいう。容積率は〔図表3－10〕の各用途地域の区分に従い、原則として、都市計画により定められている数値を超えることはできない。

① 前面道路の幅員による容積率の制限

　建築物の前面道路（**2以上の前面道路があるときは、幅員の最大なもの**）の幅員が**12m未満の場合の容積率は、都市計画で指定された数値**と〔図表3－11〕に示す計算による数値のいずれか少ない数値以下でなければならない。たとえば、前面道路の幅員が6mの第1種住居地域内にある敷地で指定容積率が30／10（300%）である場合、この制限により24／10（6m×4／10）となるので、容積率は240%となる。

〔図表3－11〕前面道路による容積率の制限

用途地域	制限割合
第1種・第2種低層住居専用地域 田園住居地域	前面道路幅員（m）× $\dfrac{4}{10}$
第1種・第2種中高層住居専用地域 第1種・第2種住居地域、準住居地域	前面道路幅員（m）× $\dfrac{4}{10}$ $\left(\dfrac{6}{10}\right)$ [※]
その他の用途地域（非住居系） 用途地域の指定のない区域	前面道路幅員（m）× $\dfrac{6}{10}$ $\left(\dfrac{4}{10}\text{または}\dfrac{8}{10}\right)$ [※]

（※）特定行政庁が都道府県都市計画審議会の議を経て指定した区域内に適用される数値。

② 敷地が2以上の地域・区域にわたる場合

　建築物の敷地が容積率の異なる地域にわたる場合には、建蔽率と同様に、**加重平均方式**

〔図表3-12〕 2以上の用途地域にわたる場合の容積率

道路（6m）

| 面積　300
指定容積率　400% | ・商業地域 | $400\% > 6\,m \times \dfrac{6}{10} \times 100 = 360\%$　∴360%
$300㎡ \times 360\% = 1,080㎡$ |
| 面積　200
指定容積率　200% | ・第1種住居地域 | $200\% < 6\,m \times \dfrac{4}{10} \times 100 = 240\%$　∴200%
$200㎡ \times 200\% = 400㎡$ |

容積率の最高限度　$\dfrac{1,080㎡ + 400㎡（延べ面積の最高限度）}{300㎡ + 200㎡（敷地面積）} \times 100 = 296\%$

でそれぞれの地域の容積率にその地域に含まれている敷地の面積の割合を乗じたものを合計した数値が、その敷地の容積率となる〔図表3-12〕。

③　**特定道路による容積率制限の緩和**

　建築物の敷地の前面道路の幅員が6m以上12m未満であり、かつ、当該前面道路に沿って**70m以内**で**幅員15m以上**の道路（特定道路という）に接続する場合、当該前面道路の幅員のメートルの数値に、「特定道路までの延長距離に応じて定まる数値（次式のWa）」を加えたものに、原則として10分の4または10分の6を乗じた数値が容積率の最高限度となる〔図表3-13〕。

〔図表3-13〕 特定道路による容積率制限の緩和

$$\left(\begin{array}{l}\text{前面道路の幅員の}\\\text{メートルの数値}\end{array} + \begin{array}{l}\text{特定道路までの延長距離に}\\\text{応じて定まる数値（Wa）}\end{array}\right) \times \frac{6}{10}\left(\text{または}\frac{4}{10}\right)$$

$$Wa = (12 - Wr) \times \frac{70 - L}{70}$$

・Wr＝前面道路の幅員（単位：m）
・L＝特定道路までの延長距離（単位：m）

Q: 例 題

以下の土地を敷地として建築物を建築する場合の容積率はいくらになるか（ただし、前面道路による容積率の制限割合に関し、特定行政庁の定める区域ではないものとする）。

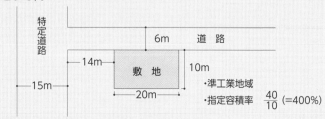

A:

前面道路の幅員が6m以上12m未満、かつ、70m以内で幅員15m以上の道路に接続する敷地なので、特定道路による容積率制限の緩和規定が適用される。

前面道路の幅員（Wr）＝6m、特定道路までの延長距離（L）＝14mであることから、

$$Wa＝(12－6)×\frac{70－14}{70}＝4.8$$

4.8mを前面道路幅員に加算して容積率を求めることができる。

$$(6＋4.8)×\frac{6}{10}×100＝648\%＞400\%$$

都市計画で定めた$\frac{40}{10}$（＝400％）のほうが小さいため、当該敷地の容積率は400％になる。

---

④ **容積率算入床面積の緩和**

a．地下室

　建築物の地階で住宅または老人ホーム等（以下「住宅等」という）部分の床面積については、当該建築物の住宅等の用途に供する部分の床面積合計の**3分の1**を限度として合計床面積から控除し、容積率を計算できる。

　ただし、ここでいう地下室は、その天井部分が**地盤面からの高さ1m以下**にあるもので

ある。

b．駐車場、駐輪場

建築物の中にある駐車場、駐輪場の床面積については、当該建築物の床面積合計の **5 分
の 1** を限度として合計床面積から控除し、容積率を計算できる。

c．共同住宅の玄関などの不算入

エレベーターの昇降路部分（共同住宅以外も含む）または、共同住宅の玄関、共用廊下
および階段にあたる部分の床面積については、当該建築物の合計床面積から控除し、容積
率を計算できる。

🈡 共同住宅に加え、老人ホームの共用の廊下もしくは階段の用に供する部分の床面積も容積率不算入に
なる。

❺ 建築物の敷地面積の制限

用途地域の都市計画で建築物の敷地面積の最低限度が定められたときは、原則として、
その最低限度以上の敷地面積としなければならない。都市計画で定める敷地面積の最低限
度は200㎡を超えることができない。

❻ 建築物の高さの制限

（1）絶対高さ制限

第 1 種低層住居専用地域、第 2 種低層住居専用地域または田園住居地域内においては、
建築物の高さは、原則として、**10m または12m** のうち都市計画で定められた限度を超えて
はならないとされている。

（2）斜線制限

建築物の各部分の高さは、原則として道路境界線や隣地境界線からの距離に一定の勾配
を乗じた線（斜線）を超えることはできない。この規制のことを一般に**斜線制限**と呼ぶ。

〔図表3−14〕道路斜線制限

（住居系用途地域）

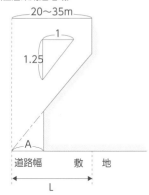

（その他の用途地域）

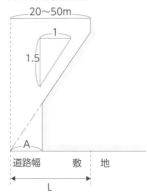

〔図表3−15〕建築物の後退による道路斜線の緩和

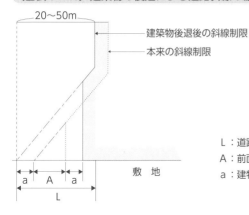

L：道路斜線の適用範囲
A：前面道路幅員
a：建物の後退距離

① 道路斜線制限

a．原則

　　建築物の各部分の高さは、その部分から前面道路の反対側の境界線までの水平距離に次の数値を乗じて得たもの以下でなければならない〔図表3−14〕。ただし、用途地域・容積率に応じて適用範囲が20〜50m（〔図表3−14〕および〔図表3−15〕のLの距離）の中で定められている。

　　・住居系の用途地域内……1.25（特定行政庁が指定する区域内は1.5）

　　・その他の用途地域内……1.5

・用途地域の指定のない区域内…1.25または1.5

ｂ．緩和措置

前面道路の境界線から後退した建築物は、道路斜線が前面道路の反対側の境界線から当該建築物の後退距離だけ外側の線とされる〔図表3－15〕。

ｃ．建築物の敷地が斜線制限の異なる地域にわたる場合

道路斜線制限の異なる地域にわたる敷地上の建築物は、**各地域内に存する建築物の部分ごとに道路斜線制限が適用**される。これは建築物の高さに関する他の制限についても同様である。

② 隣地斜線制限

建築物の各部分の高さは、原則としてその部分から隣地境界線までの水平距離に一定の数値を乗じて得た数値に、20mまたは31mを加えたもの以下としなければならない。この隣地斜線制限は、**第1種・第2種低層住居専用地域**および**田園住居地域には適用**がない。

なお、緩和措置として、建築物の高さが20mまたは31mを超える部分が隣地境界線から後退した建築物は、隣地斜線が当該建築物の後退距離だけ外側の線とされる。

③ 北側斜線制限

第1種低層住居専用地域、第2種低層住居専用地域もしくは田園住居地域、または第1種中高層住居専用地域もしくは第2種中高層住居専用地域（条例により日影規制が指定されているものを除く）内では、建築物の各部分の高さは、原則として当該部分から前面道路の反対側の境界線または隣地境界線までの真北方向の水平距離に1.25を乗じたものに、第1種低層住居専用地域、第2種低層住居専用地域または田園住居地域内の建築物については5mを、第1種中高層住居専用地域または第2種中高層住居専用地域内の建築物については10mを加えたもの以下でなければならない。

④ 天空率による斜線制限の適用除外

道路・隣地・北側斜線制限と同程度以上の**採光**、**通風**等が確保されるものとして、天空率に適合する建築物については、**斜線制限は適用されない**。

以上の高さ制限をまとめると〔図表3－16〕のとおりである。

(3) 日影規制

日影規制とは、中高層建築物の建築により周辺に生じるその建物の日影を、冬至日の午前8時から午後4時まで（北海道の区域内では、午前9時から午後3時まで）において一定時間内に規制するために、建築物の高さや形状等を制限するものである。

日影規制は、**商業地域、工業地域、工業専用地域以外**で、**地方公共団体の条例で定める**

〔図表３−16〕 建築物の高さの制限

	絶対高さ	道路斜線	隣地斜線	北側斜線
第１種・第２種低層住居専用地域 田園住居地域	10mまたは12m	A×1.25		5m+（C×1.25）
第１種・第２種中高層住居専用地域		A×1.25 ｛特定行政庁指定区域内はA×1.5｝	20m+（B×1.25） ｛特定行政庁指定区域内は31m+（B×2.5）｝	10m+（C×1.25） ｛日影規制がある場合は適用なし｝
第１種・第２種住居地域 準住居地域				
近隣商業地域 商業地域 準工業地域 工業地域 工業専用地域		A×1.5	31m+（B×2.5） ｛特定行政庁指定区域内は制限なし｝	
用途地域の指定のない区域		A×1.25またはA×1.5	20m+（B×1.25） または 31m+（B×2.5）	

（※１） Aは「前面道路の反対側の境界線までの水平距離」、Bは「隣地境界線までの水平距離」、Cは「前面道路の反対側の境界線または隣地境界線までの、真北方向の水平距離」を表す。
（※２） 斜線部分は適用なし。

〔図表３−17〕 日影規制の対象となる建築物

規制対象区域	規制対象建物
第１種・第２種低層住居専用地域 田園住居地域	軒高７m超または階数が３以上（地階を除く）の建築物
第１種・第２種中高層住居専用地域 第１種・第２種住居地域 準住居地域、近隣商業地域、準工業地域	高さ10m超の建築物
用途地域の指定のない区域	地方公共団体の条例で定める

区域で適用される。なお、同一の敷地内に２以上の建築物がある場合には、これらを１の建築物とみなして適用される。また、規制対象区域外にある高さ10m超の建築物で、冬至日において、その区域内に日影を生じるものは、規制の対象になる〔図表３−17〕。

❼ 防火地域・準防火地域

市街地の建築物の防火性能を集団的に向上させることにより火災の拡大を防ぐために、防火地域または準防火地域内においては、建築物の規模により構造等が制限される。なお、

〔図表3 −18〕防火地域と準防火地域にわたる場合

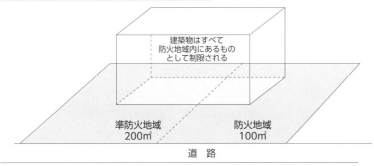

防火地域または準防火地域内の建築物で外壁が耐火構造のものについては、外壁を隣地境界線に接して設けることができる。

① **防火地域内の建築物の制限**

　耐火構造等とした場合と同等に周囲への延焼リスクを低減することができる等、技術的基準を満たした建築物は耐火建築物等としなくともよい

② **準防火地域内の建築物の制限**

　耐火構造等とした場合と同等に周囲への延焼リスクを低減することができる等、技術的基準を満たした建築物は耐火建築物等としなくともよい

③ **建築物が防火地域または準防火地域の内外にわたる場合**

　建築物が防火地域または準防火地域とこれらの地域として指定されていない区域にわたる場合は、原則として、その建築物**全部**について制限の**厳しいほう**（防火地域と準防火地域にわたるときは防火地域）にあるものとして制限される〔図表3 −18〕。ただし、その建築物が防火地域または準防火地域外において防火壁で区画されている場合は、防火壁外の部分についてはその地域の規定に従う。

Q: ...... 例 題

　Aさんは甲土地と乙土地を所有しており、両者を一体利用してオフィスビル（耐火建築物）の建築を検討している。甲土地、乙土地の状況ならびに用途地域等は以下のとおりである。甲土地と乙土地を一体の敷地として耐火建築物を建築する場合、①建築面積の限度、②延べ面積の限度をそれぞれ求めなさい。

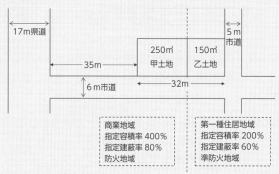

・乙土地および甲乙一体の土地は、建蔽率の緩和について特定行政庁が指定する角地である。

・甲土地および乙土地は、容積率の計算上、前面道路幅員に乗ずる数値について特定行政庁が指定する区域ではない。

〈参考〉特定道路による容積率制限の緩和における計算式

$$W1 = \frac{(a - W_2) \times (b - L)}{b}$$

W1：前面道路幅員に加算される数値

W2：前面道路の幅員（m）

L：特定道路までの距離（m）

A：

────────────────────────────────────

───── 計算のポイント ─────

　本問のように建蔽率、容積率が異なる複数の土地を一体利用するケースは、一見複雑そうに思える。しかし、それぞれの土地について建蔽率、容積率を求め、それぞれの地積に乗じたものを足し合わせるだけであり、建蔽率の緩和（防火地域、特定行政庁の指定する角地）、前面道路幅員による容積率規制についての基礎的な知識があれば、順を追って丁寧に計算することにより建築面積の限度が出せる。

① 建築面積の限度
　甲土地は指定建蔽率が80％であり、防火地域に耐火建築物を建築することから、建蔽率の制限はなくなり、100％となる。乙土地は指定建蔽率が60％であり、特定行政庁が指定する角地であることからプラス10％、また甲土地と一体利用することにより防火地域とみなされることからさらにプラス10％で、80％となる。
　250㎡×100％＋150㎡×80％＝370㎡

② 延べ面積の限度
　特定道路までの距離による容積率の緩和における前面道路幅員に加算される数値は以下のとおり求められる。

$$\frac{(12-6) \times (70-35)}{70} = 3 \ (m)$$

　したがって、前面道路の幅員6mに3mを加算し、9mとして前面道路幅員による容積率の制限を計算する。
　甲土地の指定容積率は400％であり、前面道路幅員による制限は540％（9×60％）であるので、容積率は400％となる。
　乙土地の指定容積率は200％であり、前面道路幅員による制限は360％（9×40％）であるので、容積率は200％となる。
　250㎡×400％＋150㎡×200％＝1,300㎡

<u>正解</u>　①　370㎡　　②　1,300㎡

実務上のポイント

- 建築基準法42条２項道路では、中心線から2m未満で一方ががけ地、川等の場合、川等から4m後退した線が道路境界線とみなされる。これをセットバックという。

- セットバック部分は、建蔽率や容積率の計算上、敷地面積には算入しない。

- 敷地が２以上の用途地域にわたる場合、敷地の過半の属する用途地域の制限が敷地全体に適用される。

- 建蔽率が80%とされている地域内で、かつ、防火地域内にある耐火建築物は建蔽率の限度がない。

- 自動車倉庫、駐車場等の床面積が、建築物全体の床面積の５分の１までの場合は、容積率の計算において不算入とされる。

- 第１種・第２種低層住居専用地域および田園住居地域内では、原則として建物の高さは10mまたは12m（都市計画で定める）が上限となる。

- 隣地斜線制限は、第１種・第２種低層住居専用地域および田園住居地域には適用がない。

- 建築物の前面道路（２以上の前面道路があるときは、幅員の最大なもの）の幅員が12m未満の場合の容積率は、都市計画で指定された数値と前面道路幅員に一定割合を乗じた計算による数値のいずれか少ない数値以下でなければならない。

- 日影規制は、商業地域、工業地域、工業専用地域以外で、地方公共団体の条例で定める区域で適用される。なお、同一の敷地内に２以上の建築物がある場合には、これらを１の建築物とみなして適用される。また、規制対象区域外にある高さ10m超の建築物で、冬至日において、対象区域内に日影を生じるものは、規制の対象になる。

- 道路・隣地・北側斜線制限と同程度以上の採光、通風等が確保されるものとして、天空率に適合する建築物については、斜線制限は適用されない。

第3節

農地法

　農地法でいう「農地」とは耕作の目的に供される土地のことで、登記上の地目を問わない。休耕中のものも農地であるが、家庭菜園などは農地ではない。「採草放牧地」とは、農地以外の土地で、主として耕作または養畜の事業のための採草または家畜の放牧の目的に供されるものをいう。通常、手続きは行政書士に依頼する。

❶ 権利移動（3条）

　農地、採草放牧地の所有権の移転、地上権、永小作権、質権、使用貸借権、賃借権その他使用および収益を目的とする権利を設定または移転する場合は、当事者は農地法3条に基づく許可を受けなければならない〔図表3－19〕。

a．この場合の許可権者は農業委員会である。

b．両当事者が農業委員会に、氏名、住所、事由、契約内容、労働力の状況等を記載した申請書を連署して提出する。農地等を農耕などの目的で取得することができる者は、農業適格者であることが必要である。なお、所定の条件を満たせば法人の貸借も可能だが、農地を所有できる法人は農地所有適格法人に限られる。

c．許可を受けないでした行為は無効になり、罰則の適用もある。

d．相続や遺産分割等により農地を取得した場合は、農地法第3条の許可は不要であるが、取得後遅滞なく（権利取得をしたことを知った時点から、おおむね10カ月以内）農業委員会に届け出なければならない。

❷ 転用（4条）

　農地を農地以外のものに自ら転用する者は、農地法4条に基づく許可を受けなければな

〔図表3-19〕農地法の権利移動および転用の許可内容

	権利移動（3条）	転用（4条）	権利移動と転用（5条）
内容	①農地→農地 ②採草放牧地→採草放牧地 ③採草放牧地→農地	農地を自ら転用する場合（採草放牧地は適用なし）※	転用目的で使用収益権を移転、設定する場合 ①農地→宅地 ②採草放牧地→宅地 （採草放牧地→農地は3条申請）
許可権者	農業委員会	都道府県知事等	
市街化区域の特例	特例なし	農業委員会への届出で足りる（許可不要）	
無許可の場合	契約無効	原状回復等の措置	契約無効 原状回復等の措置
罰則	3年以下の懲役または300万円以下の罰金（法人の違反転用は1億円以下の罰金）		

※ 温室などの農業用施設に供する目的で行う2a（20㎡）未満の転用等は許可不要

らない。なお、採草放牧地の転用の場合は制限がない〔図表3-19〕。

　　a．この場合の許可権者は**都道府県知事**（農林水産大臣が指定する市町村の区域内はその長、以下「都道府県知事等」という）である。

　　b．転用する者が農業委員会を経由して都道府県知事等に、氏名、住所、利用状況、事由、転用時期と目的等を記載した申請書を提出する。

　　c．**違反の場合は原状回復**や転用工事の中止等を命ぜられることがあり、**罰則の適用**もある。原状回復等の命令に従わないときは、都道府県知事等による原状回復等の行政代執行が認められている。

　　d．**市街化区域内**にある農地は、あらかじめ**農業委員会に届け出れば**よく、許可を受ける必要はない。

❸ 権利移動と転用（5条）

　農地を農地以外、採草放牧地を採草放牧地以外（農地を除く。この場合は農地法3条の許可）のものにするために権利移動をするときは、当事者は農地法5条に基づく許可を受けなければならない〔図表3-19〕。

　　a．この場合の許可権者は**都道府県知事**等である。

　　b．両当事者が農業委員会等を経由して都道府県知事等に、氏名、住所、事由等を記載

した申請書を連署して提出する。

c．**許可を受けないでした行為は無効**になり、**罰則の適用**もある。また、違反転用に対しては、都道府県知事等による行政代執行も認められている。

d．**市街化区域内**にある農地または採草放牧地の場合は、あらかじめ**農業委員会に届け**出ればよく、許可を受ける必要はない。

❹ 賃貸借の許可等

　農地の貸借については農地法3条（権利移動）または5条（権利移動と転用）の許可が必要である。

　また、小作保護の観点から、契約の解除等についても原則として都道府県知事等の許可（農業委員会経由）が必要である。すなわち、当事者は都道府県知事等の許可を受けなければ、賃貸借の解除をし、解約の申入れをし、合意による解約をし、または賃貸借の更新をしない旨の通知をしてはならない。この許可を受けないでした行為は無効となる。

　賃貸借の解除が許可されるのは次のような場合である。

a．賃借人が信義に反した行為をした場合

b．その農地または採草牧草地をそれ以外のものに転用することが相当と認められる場合

c．賃借人の生計、賃借人の経営能力等を考慮し、賃貸人が自作地とすることが相当な場合

なお、期間の定めがある農地または採草牧草地の賃貸借については、当事者は原則として、相手方に対して期間満了の1年前から6カ月前までの間に更新をしない旨の通知をしないときには、従前の契約と同一条件で賃貸借を更新したものとみなされる。

　個人が耕作する目的で農地を賃借する場合、賃貸借の存続期間は50年を超えることができず、契約でこれより長い期間を定めたときであっても、その期間は50年とされる。

　農地の賃貸借は、その登記がなくても、農地の引渡しがあったときは、これをもってその後その農地について物権を取得した第三者に対抗することができる。

実務上のポイント

- 農地法第3条の農地の権利移動においては、農業委員会の許可を受けなければならない。
- 農地法上第4条（転用）および第5条（権利移動と転用）においては、市街化区域内であればあらかじめ農業委員会への届出をすることで足りる。
- 農地の賃貸借は、その登記がなくても、農地の引渡しがあったときは、これをもってその後その農地について物権を取得した第三者に対抗することができる。
- 相続や遺産分割により農地を取得した場合は、農地法3条の許可は不要であるが、取得後おおむね10カ月以内に農業委員会に届けなければならない。

第4節 生産緑地法

1 生産緑地法による規則

(1) 生産緑地地区

生産緑地地区は、次のような要件を備えた農地等（農地・採草放牧地、森林、池沼その他をいう）について市町村が都市計画で定める。

a. **市街化区域内**の一団の農地等であること（したがって、市街化区域以外に生産緑地地区は存在しない）

b. 当該農地等が以下の要件を備えていること

　・公害、災害の防止等の良好な生活環境の確保に相当の効用があり、かつ、公共施設等の敷地の用に供する土地として適していること

　・500㎡以上（条例により300㎡まで引下げ可）の規模の区域であること

　・用排水その他の状況からみて農林漁業の継続が可能であること

なお、生産緑地地区の都市計画の案については、その地区内の農地等の所有者、地上権者、賃借権者、担保権者等の同意を必要とする。

(2) 行為制限

生産緑地地区内での次の行為は市町村長の許可が必要である。

　・建築物その他の工作物の新築、改築、増築

　・宅地の造成、土石の採取その他の土地の形質の変更

　・水面の埋立て、干拓

これらの許可を受けて設置できる施設は、生産緑地における営農継続の観点から新鮮な農産物等への需要に応え、農林漁業者の収益性を高める施設（図表⑤〜⑦、一定の要件が必要）が追加されている〔図表3−20〕。

〔図表3－20〕許可を受けて設置できる施設

① 農産物等の生産または集荷の用に供する施設（ビニールハウス、温室、育種苗施設等）
② 農林漁業の生産資材の貯蔵または保管の用に供する施設（農機具の収納施設等）
③ 農産物等の処理または貯蔵に必要な共同利用施設（共同で利用する選果場等）
④ 農林漁業に従事する者の休憩施設
⑤ 生産緑地内で生産された農産物等を主たる原材料とする製造・加工施設（ジャム等の製造施設等）
⑥ 生産緑地内で生産された農産物等または⑤で製造・加工された物品を販売する施設（農産物直売所等）
⑦ 生産緑地内で生産された農産物等を主たる材料とする料理を提供する施設（農家レストラン等）

(※) ⑤～⑦の主な要件
　　・施設の敷地を除いた部分が当該生産緑地地区指定の面積要件以上であること。
　　・施設の敷地面積の合計が当該生産緑地地区面積の20%以下であること。
　　・施設設置者が当該生産緑地地区の主たる従事者であること。
　　・食材は主に当該生産緑地およびその周辺地域で生産された農産物等であること。

(3) 買取りの申出等

　生産緑地の所有者は、次の場合には市町村長に対し、時価による買取りの申出ができる。

　a．都市計画の告示の日から起算して30年を経過する日以後

　b．都市計画の告示日以後において、当該生産緑地に係る農林漁業の主たる従事者が死亡、または農林漁業に従事することを不可能にさせる故障を有するに至ったとき

　なお、a．における30年経過後、当該生産緑地が所有者等の意向を基に特定生産緑地として指定されることで、買取りの申出期間は10年間延長され、さらに10年経過後は改めて所有者等の同意を得て、繰り返し10年間延長される。

　買取りの申出があったときは、市町村が定めた者は、特別の事情がない限り、時価で当該生産緑地を買い取らなければならない。この申出があった日から起算して3カ月以内に所有権の移転がない場合には行為制限が解除される。なお、市町村長は買取りの申出があった日から起算して1カ月以内に、時価で買い取るか否かを書面で当該生産緑地の所有者に通知しなければならない。

　上記以外の場合でも、疾病等により農林漁業に従事することが困難となったとき等には、市町村長に対して買取りの申出ができ、市町村長は買取りまたはあっせんに努めなければならない。

　なお、生産緑地の所有者の申出により生産緑地の指定が解除された場合、所有者は、生産緑地として減免されていた固定資産税を遡って納付する必要はない。

　また、生産緑地の所有者が死亡して相続が発生した場合において、その課税時期において市町村長に対して買取りの申出をすることができる生産緑地の相続税評価額は、生産緑

地でないものとして評価した価額の95％相当額となる。

❷ 固定資産税、都市計画税

　市街化区域内の農地等に対する固定資産税・都市計画税はいわゆる「宅地並み課税」の対象とされているが、生産緑地地区内の農地等は「一般農地並み課税」とされる。

❸ 相続税・贈与税の納税猶予の特例

　生産緑地地区内の営農を終身継続する農地等については、相続税・贈与税の納税猶予の特例が認められている。

実務上のポイント

・生産緑地地区の指定は、市街化区域内の農業を継続して営む条件を備えている500㎡以上（条例で300㎡以上に引下げ可）の一団の農地等である。

・生産緑地地区の所有者は、都市計画決定の告示の日から30年を経過したときに市町村長に対し、時価による買取りの申出ができる。

・生産緑地の所有者の申出により生産緑地の指定が解除された場合でも、生産緑地として減免されていた固定資産税を遡って納付する必要はない。

第5節 土地区画整理法

土地区画整理法では、土地区画整理事業の施行者、施行方法、費用の負担等を定めている。

❶ 土地区画整理事業の概要

土地区画整理事業とは、都市計画区域内にある一定エリア（施行地区）の土地について、道路や公園などの公共施設を整備し、土地の区画を整え安全で暮らしやすい市街地を創り出すための手法をいう。

土地区画整理事業を施行する区域（施行区域）では、道路や公園等の公共施設が整備された街区とするための事業計画が定められる。実際に道路を拡張・整備したり公園等を整備するための用地や、事業費を捻出するために売却する用地（保留地）は、施行地区内の地権者（土地所有者、借地権者等）に提供してもらうこと（減歩）によって確保する。

最終的に施行地区内の土地の交換分合を行い、地権者に公共施設の整備された宅地が交付される（換地）〔図表3−21〕。

土地区画整理事業を施行する者は、個人（宅地の所有者・借地権者が、1人または数人共同で）、組合（宅地の所有者・借地権者が7人以上で）、区画整理会社、地方公共団体等である。

❷ 土地区画整理事業の手続

土地区画整理事業の流れは〔図表3−22〕のとおりである。

① 換地計画

施行者は、施行地区内の宅地について換地処分を行うため換地計画を定め、都道府県知

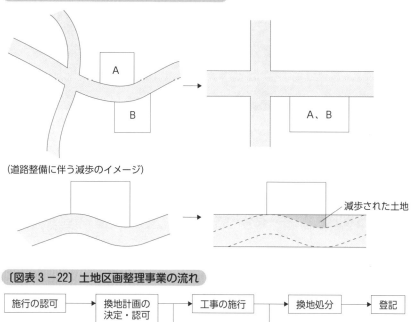

〔図表3−21〕土地区画整理事業のイメージ

（道路整備に伴う減歩のイメージ）

減歩された土地

〔図表3−22〕土地区画整理事業の流れ

施行の認可 → 換地計画の決定・認可 → 工事の施行 → 換地処分 → 登記

仮換地の指定

事の認可を受けなければならない。

　土地区画整理事業によって、道路・公園等の公共施設を整備するとともに、元の宅地の条件を考慮しつつ宅地の再配置を行うが、従前の宅地に代わるものとして交付される宅地を**換地**という。換地として交付される宅地は、従前の宅地と位置、地積、土質、水利、利用状況、環境等が照応するように定められる（照応の原則）。また、換地される宅地面積が過小となることを防止するため、立体換地や共有換地なども可能であるほか、不均衡が生ずるときは金銭による清算についても定めることができる。

② **減歩**

　道路・公園等の公共施設が未整備な宅地等が、土地区画整理事業によって整備された街区の宅地として換地処分される。その代わり従前の宅地より面積が減少するが、このことを**減歩**という。減歩によって地権者が拠出した土地は、道路の拡幅・整備に充てたり（公共減歩）、施行費用に充てられる（保留地減歩）。減歩によって、地権者の宅地面積は少なくなるが、区画整理後の価値の高い宅地を換地することで、価値の均衡を保っている。

③　保留地

　土地区画整理事業の換地計画においては、土地区画整理事業の施行費用に充てるため、一定の土地を換地として定めないで、その土地を保留地として定めることができる。また、個人または組合が施行者となる場合は、規約や定款で定める目的のために保留地を定めることもできる。施行者は、この保留地を処分して事業費・工事費や借入金の返済等に充当する。

　土地区画整理組合が施行する土地区画整理事業の換地計画において定められた保留地は、換地処分の公告があった日の翌日に、施行者である当該組合が取得することになる。

④　仮換地

ａ．仮換地の指定

　造成工事等が終わって換地処分があるまでに相当の期間を必要とすること等から、仮の換地としての宅地を定め、その宅地に地権者が使用収益を行使できる権原を付与することを仮換地の指定という。

　施行者は、造成工事等のため、または換地計画に基づき換地処分を行うために必要がある場合は、施行地区内の宅地について仮換地を指定することができる。この場合において、従前の宅地について地上権、永小作権、賃借権その他の宅地を使用収益することができる権利を有する者があるときは、その仮換地について仮にそれらの権利の目的となるべき宅地またはその部分を指定しなければならない。

ｂ．仮換地の指定の効果

　仮換地が指定された場合は、従前の宅地について使用収益する権原を有する者は、仮換地の指定の効力発生日から換地処分の公告がある日まで、仮換地について従前と同じ権原に基づいて使用収益することができるものとされ、従前の宅地については使用収益することができなくなる。

　なお、換地処分の公告の翌日までは、所有権は従前の宅地に存するため、抵当権などは従前の宅地に設定する。

⑤　換地処分

　土地区画整理事業の工事の完了後、関係権利者に換地計画に定められた関係事項を通知することによって行われる行政処分を換地処分という。

　換地処分の公告があると、換地計画において定められた換地は、その公告があった日の翌日から従前の宅地とみなされ、換地計画において換地を定めなかった従前の宅地について存する権利は、その公告があった日が終了したときに消滅する。

　施行者は換地処分の公告後、直ちに所轄登記所に通知するとともに、土地区画整理事業

第3章

の施行による土地建物の変動に係る登記を申請する。換地処分の公告後、変動の登記がされるまでは、原則として他の登記はできない。

実務上のポイント

- 換地処分の公告の翌日までは、所有権は従前の宅地に存するため、抵当権などは従前の宅地に設定する。
- 仮換地が指定された場合、従前の宅地の所有者等は仮換地を使用収益し、従前の宅地は使用収益できない。ただし、換地処分（従前の宅地に代え、新たに照応する土地を割り当て、従前の権利を帰属させる処分。その土地を換地という）の公告の翌日までは、所有権は従前の宅地に存するため、売買契約は従前の宅地で行い、使用収益は仮換地についてすることができる。

第**6**節

区分所有法

　分譲マンションのような1棟の建物のうち構造上区分された複数個の部分で、独立して住居、店舗、事務所その他の用途に供される部分を有している建物のことを区分所有建物といい、この区分された部分（規約により共用部分とされた部分を除く）を目的とする所有権を**区分所有権**という。区分所有権については「建物の区分所有等に関する法律」（区分所有法）に定められている。

❶ 専有部分と共用部分、敷地利用権

　区分所有建物は、専有部分と共用部分から成っている。

（1）専有部分

　専有部分とは、区分所有権の目的とする建物の部分、すなわち1棟の建物のうち構造上区分された建物の部分（構造上の独立性）で、独立して住居等の用途に供することができる部分（利用上の独立性）をいう。

（2）共用部分

　共用部分とは、専有部分以外の建物の部分をいう。共用部分はさらに法定共用部分と規約共用部分に分けられる。

　法定共用部分とは、共同の玄関、階段など専有部分以外の建物部分と、配管、配線等その建物の附属物のことをいう。

　規約共用部分とは、本来、専有部分とすることができる部分を規約によって共用部分としたものをいう。マンション内の集会所や共用の応接室などは典型的な規約共用部分といえる。これらの部屋は構造上も利用上も独立しているので専有部分にすることができるが、規約で定めることにより、その部分を共用部分とすることができる。**規約共用部分**はその

旨を登記しないと第三者に対抗することができない。

　共用部分は、原則として区分所有者全員の共有に属する。ただし、一部の者のみに供されることが明らかな場合には、それを使用する区分所有者の共有に属する。

　共用部分の持分は、原則として各共有者の有する**専有部分の床面積の割合**による。共有者の持分は、その有する専有部分の処分に従うため、共有者は原則として**専有部分と分離して共用部分の持分を処分することはできない。**

(3) 敷地利用権

　区分所有者は、区分所有建物の存する土地に対する所有権の共有持分をもっているか、地上権、賃借権の準共有持分をもっていることが普通である（まれに土地が分筆され、分有の場合もある）。このような専有部分を所有するための建物の敷地に関する権利を**敷地利用権**という。

　敷地利用権が数人で有する所有権その他の権利である場合には、区分所有者は原則として、その**専有部分とその専有部分に係る敷地利用権とを分離して処分することはできない。**ただし、規約で区分所有者が特に分離処分を許可した場合は除かれる（増築の場合など）。

　専有部分と分離して処分することができない敷地利用権であって登記されたもの（具体的には所有権、地上権または土地の賃借権で登記されているもの）を、不動産登記法では**敷地権**という。

❷ 管理

(1) 共用部分の管理

① 保存行為

　保存行為とは、ガラスの破損の修理や緊急を要する共用部分の清掃など、共用部分の現状を維持するための必要最小限の行為をいう。保存行為は、各共有者が単独でできるものとされている。ただし、規約で例外を定めることができる。

② 管理行為

　管理行為とは、保存行為、利用行為、改良行為の総称であるが、保存行為を除き、**区分所有者**および**議決権**（後述）の**各過半数**の賛成で決定する。ただし、規約で別段の定めができる。

③ 変更行為

　変更行為とは、階段室にエレベーターを設置したり、車庫等を増改築するなど、共用部分の形状や効用を著しく変える行為をいう。共用部分の変更（その形状または効用の著しい変更を伴わないものを除く）は、区分所有者および議決権の各4分の3以上の多数による集会の決議で決する。ただし、規約で区分所有者の定数を過半数まで減ずることができる。

　形状または効用の著しい変更を伴わない変更行為については、区分所有者および議決権の各過半数の賛成でできる。なお、保存行為を除き、その行為によって特別の影響を受ける専有部分の所有者の承諾が必要となる。

(2) 区分所有者の団体（管理組合）

　区分所有者は全員で建物、敷地および附属施設の管理を行うための団体（この団体を一般に管理組合と呼んでいる）を構成する。

　建物等の管理は、区分所有法の定めにより、集会を開き、規約を定め、管理者（集会の決議により選任および解任されるが、規約で別段の定めをすることもできる。一般的には管理組合の理事長を管理者と定めていることが多い）を置くという手順によって行われる。いわゆる管理会社は、管理組合との契約で実際の管理業務の全部または一部を受託するものであり、管理者とはまったく別の概念である。

(3) 管理組合法人

　区分所有者の団体は、区分所有者および議決権の各4分の3以上の多数による集会の決議で法人（管理組合法人）になることができる。

　管理組合は法律上の人格がないため、預金の名義をどうするか、管理費を支払わない区分所有者に対して訴訟を起こすのはだれにするかなどの問題が生じる。

　管理組合法人は登記をすることによって法人格が認められるので、法律関係が明確になる。管理組合法人にはその代表となる理事と監事が置かれ、管理者として権利・義務の主体になる。

(4) 規約

　建物、敷地および附属施設の管理または使用に関する区分所有者相互間の事項は規約で定めることができる。

　規約の設定、変更または廃止は各区分所有者にとって重大な利害関係のある事項である

から、区分所有者および議決権の各4分の3以上の多数による集会の決議による。また、規約の設定等が一部の区分所有者の権利に特別の影響を及ぼすときは、その者の承諾を得なければならない。

規約は区分所有者全員に効力が生じるだけでなく、区分所有者の包括承継人、特定承継人に対しても、その効力を生ずる。また、専有部分を賃借している者等の占有者は、建物、敷地、附属施設の使用方法のみについて、区分所有者が規約または集会の決議に基づいて負う義務と同一の義務を負う。

(5) 集会

管理者は少なくとも毎年1回集会を招集しなければならない。集会の招集通知は、原則として、集会の会日の1週間前までに発しなければならないが、この期間は規約で伸縮できる。区分所有者の5分の1以上で議決権の5分の1以上を有する者は、管理者に対し、会議の目的である事項を示して、集会の招集を請求することができる。ただし、この定数は規約で減ずることができる。

区分所有者全員の承諾があるときは、書面または電磁的方法（電子メール、ウェブサイトの利用等の交付）による決議ができるものとされ、集会において決議すべきものとされた事項については、区分所有者全員の書面または電磁的方法による合意があったときは、集会の決議があったものとみなす。これを書面決議という。注意すべきことは、書面決議ができたとしても、これによって集会の招集があったものとはみなされないので、毎年1回の定例集会は招集しなければならない。

集会における決議は、法律または規約に別段の定めがない限り、区分所有者および議決権の各過半数で決定する。ただし、区分所有者の利害に重要な影響を及ぼす事項については、集会の特別決議を要する。

前述のように、決議の基準としては「区分所有者」と「議決権」を併用している。「区分所有者」というのは、区分所有者の人数のことであるが、この人数の計算においては、1人でいくつ専有部分を持っていても1人、逆に数人で1つの専有部分を共有していても1人と数える。「議決権」は原則として専有部分の床面積の割合による。

議決権を行使できるのは区分所有者に限られるが、集会の決議の効力は、区分所有者の特定承継人（売買等により取得する者）や建物の賃借人にも及ぶ。また、区分所有者の承諾を得て専有部分を占有する者は、利害関係のある会議の目的事項につき、集会に出席して意見を述べることができる。集会の議事録を書面で作成するときは、議長および集会に出席した区分所有者の2人が議事録に署名しなければならない。

① 区分所有者および議決権の各4分の3以上の多数が必要な事項（共用部分の変更については、規約で区分所有者数のみ過半数まで減じることができる）

a．共用部分の変更（形状・効用の著しい変更を伴わないものを除く）

b．規約の設定、変更、廃止

c．管理組合法人の設立、解散

d．義務違反者に対する専有部分の使用禁止の請求および区分所有権の競売のための訴え

e．義務違反者の占有者に対する引渡請求の訴え

f．建物価格の2分の1を超える滅失の場合の建物の復旧

② 区分所有者および議決権の各5分の4以上の多数が必要な事項

建物の建替え

❸ 復旧・建替え

(1) 復旧

〔図表3−23〕復旧の手続

滅失の箇所と規模	復旧の手続
専有部分の滅失	・滅失した専有部分の区分所有者が、単独でかつ自己の費用で復旧することができる ・同時に滅失した共用部分がある場合で、その共用部分の復旧につき集会の決議があった場合でも、その決議は専有部分の復旧には及ばない
共用部分の小規模滅失（建物の価格の2分の1以下）	・各区分所有者は、単独で復旧することができ、その費用は共有持分に応じて他の区分所有者も負担しなければならない ・ただし、集会において復旧等の決議（区分所有者および議決権の各過半数の賛成）があった場合は、その決議に拘束されるため単独で復旧できない
共用部分の大規模滅失（建物の価格の2分の1超）	・区分所有者および議決権の各4分の3以上の賛成による集会決議が必要になる（各区分所有者は、勝手に復旧することはできない） ・この場合、決議に賛成しなかった区分所有者は、賛成した区分所有者に対して、その区分所有権等を時価で買い取るよう請求することができる

(2) 建替え

集会において、区分所有者および議決権の各5分の4以上の多数で、建物を取り壊し、

かつ、建物の敷地に**新たな建物を建築する**旨の決議をすることができる。建替え決議を集会の目的とするときは、招集通知は少なくとも集会の会日の**2カ月前**に発しなければならず、**この期間は伸長することはできるが短縮はできない。**

なお、建替え決議に賛成しなかった区分所有者（その承継人を含む）は、建替えに参加するか否か催告を受け、2カ月以内に回答をしなければならない。

この回答期限からさらに2カ月以内に、建替えに参加しない旨を回答した区分所有者（その承継人を含む）に対しては、**建替え決議に賛成**した区分所有者等から、区分所有権および敷地利用権の時価での**売渡しが請求**される。

(3) マンションの建替え等の円滑化に関する法律（マンション建替え円滑化法）

① マンション建替組合の設立

建替え決議によってマンションの建替えに合意した者は、定款と事業計画を定め、建替え合意者の**4分の3以上**の同意を得て組合設立の認可を申請し、都道府県知事等の認可を受けて組合を設立することができる。建替組合は法人格を有し、建替え事業の施行者として工事の契約や資金の借入等を行って建替えを進めていくことになる。

② 権利変換手続

権利変換とは、従前のマンションの区分所有権と敷地利用権を、権利変換計画書と配置設計図という書類上で、建替え後のマンションの区分所有権と敷地利用権に移行させる手続である。従前の住戸の権利額と従後取得する再建マンションの住戸の価額に差異が生じる場合は、金銭にて精算する。権利変換計画については、第三者である審査委員の同意を得、さらに総会で組合員の議決権および持分割合の各5分の4以上の賛成を得たうえで都道府県知事等の認可を得る必要がある。

③ マンション敷地売却制度・容積率の緩和特例

耐震性不足により除去する必要がある旨の認定を受けたマンションについては、区分所有者、議決権および敷地利用権の持分の価格の各5分の4以上の賛成により、マンションおよびその敷地の売却を行う旨を決議することができ、当該マンションを買い受けようとする者は、決議前に買受計画を作成して都道府県知事等の認可を受けた者でなければならないとされている。

また、敷地面積が政令で定める規模以上であるマンションのうち、耐震性不足により除去する必要がある旨の認定を受けたマンションの建替えにより、新たに建築されるマンションで、特定行政庁が交通上、安全上、防火上および衛生上支障がなく、かつ、その建蔽

率、容積率および各部分の高さについて、総合的な配慮がなされていることにより、市街地の環境の整備改善に資すると認めて許可したものについては、その許可の範囲内において建築基準法による容積率制限が緩和される。

❹ 区分所有建物と権利義務

(1) 区分所有者の権利義務等

区分所有者は、建物の保存に有害な行為や共同の利益に反する行為が禁止されている。また、専有部分の賃借人等（占有者）も同様に禁止されている。

区分所有建物を譲渡すると、管理組合の構成員としての地位は購入者（特定承継人）に引き継がれるが、管理組合が区分所有者に対して有する債権は、その購入者に対しても行使できる。したがって、管理費等を滞納したままでマンションを売買した場合は、**売主と買主の双方に請求**することができる。

(2) 義務違反者に対する措置

① 行為の停止等の請求

区分所有者が、共同の利益に反する行為をした場合には、他の区分所有者の全員または管理組合法人は、その行為の停止、行為を予防するために必要な措置をとることを請求できる。

② 使用禁止の請求

区分所有者が共同の利益に反する行為をする場合で、行為の停止等の請求ではその障害を除去することが困難であるときは、他の区分所有者の全員または管理組合法人は、区分所有者および議決権の各4分の3以上の多数による集会の決議に基づき、訴えをもって、相当の期間の当該行為に係る区分所有者による専有部分の使用の禁止を請求できる。

③ 占有者に対する引渡請求

占有者が共同の利益に反する行為をする場合で、他の方法によってはその障害を除去することが困難であるときには、区分所有者の全員または管理組合法人は、区分所有者および議決権の各4分の3以上の多数による集会の決議に基づき、訴えをもって、占有者が占有する専有部分の使用または収益を目的とする契約の解除およびその専有部分の引渡しを請求できる。

実務上のポイント

- 共用部分の持分は、原則として各共有者の有する専有部分の床面積の割合による。
- 区分所有建物の区分所有者は、全員が管理組合の構成員となり、区分所有者である限り管理組合を脱退できない。
- 敷地利用権が数人で有する所有権その他の権利である場合には、原則としてその専有部分とその専有部分に係る敷地利用権を分離して処分することはできない。
- 共用部分の変更（形状、効用の著しい変更を伴わないものを除く）は、区分所有者および議決権の各4分の3以上の多数による集会の決議で決する。ただし、規約で区分所有者の定数を過半数まで減ずることができる。
- 建替えの決議においては、各5分の4以上の賛成が必要である。

第7節

高齢者の居住の安定確保に関する法律

高齢者の良好な居住環境を備えた賃貸住宅の供給を促進するための制度である。

① サービス付き高齢者向け住宅

　サービス付き高齢者向け住宅とは、専門家による情報把握サービスや生活相談サービスなど高齢者の暮らしを支援するサービスの付いたバリアフリー住宅をいい、要件を満たした賃貸住宅を登録することにより、登録を受けた事業者は、一定の優遇措置が受けられる。
- 各専有部分の床面積25㎡以上（ただし、高齢者が共同して利用するため十分な面積の居間・食堂・台所・浴室等を有する場合は18㎡以上）であること
- バリアフリー構造であること
- 情報把握サービスや生活相談サービスを提供すること

　登録を受けた事業者（更新は5年ごと）は、建築費の10分の1、改修費の3分の1の補助（面積により上限あり）を国から受けることができる。

　また、床面積30㎡以上、戸数10戸以上、主要構造部が耐火構造または準耐火構造であることなどの要件を満たすことにより税制の優遇もある。
- 固定資産税は、5年間にわたり税額が2分の1から6分の5の範囲で減額される。
- 不動産取得税は、家屋は課税標準から1戸当たり1,200万円の控除、土地については、45,000円、または土地の評価額 /㎡ $\times \frac{1}{2} \times$ 家屋の床面積の2倍（200㎡を限度）のいずれか大きい方の金額を控除できる。

② 終身建物賃貸借制度

高齢者が終身にわたり入居できる賃貸借契約であり、死亡により契約が終了する。

- 対象者は、満60歳以上の単身者、満60歳以上で配偶者（年齢制限なし）を有する者、満60歳以上で満60歳以上の親族と同居する者
- 事業者から入居者に解約の申入れをする場合には都道府県知事の承認が必要となる。
- 各専有部分の床面積25㎡以上（ただし、高齢者が共同して利用するため十分な面積の居間・食堂・台所・浴室等を有する場合は18㎡以上）であることなどの要件がある。

第8節

国土利用計画法（土地取引の規制）

　土地の売買契約等をする場合、規制区域では都道府県知事の許可が必要であり、注視区域と監視区域では事前に都道府県知事への届出が、それ以外の区域では事後に都道府県知事への届出が必要となる。

❶ 事後届出

　規制区域、監視区域、注視区域のいずれにも該当しない全国の区域で、一定の要件に当てはまる土地の売買契約を締結した場合、買主である権利取得者は**契約締結日から2週間以内**に都道府県知事に土地の利用目的や対価の額等を届け出なければならない。

❷ 事後届出の届出対象面積

区域	届出対象面積
市街化区域	2,000㎡以上
市街化調整区域・非線引都市計画区域	5,000㎡以上
都市計画区域外	10,000㎡以上

・届出対象面積は、権利取得者が取得した面積で判断する。例えば、市街化区域内の2,000㎡の土地のうち、1,000㎡を売買で取得した場合には2,000㎡を下回っており、事後届出の対象とはならない。

❸ 勧告

　届出事項には、土地の利用目的や土地の対価の額等があるが、土地の利用目的について、

都道府県知事は必要があれば変更すべきことを勧告でき、勧告に従わないときはその旨及びその勧告の内容を公表できる。土地の対価の額については届出事項ではあるが、審査対象ではなく、勧告を受けることはない。

第9節 宅地造成および特定盛土等規制法

2023年5月26日より、宅地造成や盛土等に伴うがけ崩れや土砂の流出による災害の防止のため必要な規制を行うことを目的に、**宅地造成及び特定盛土等規制法**が施行された。

❶ 宅地造成等工事規制区域

都道府県知事は、宅地造成（宅地以外の土地を宅地にするために行う盛土等）、特定盛土（宅地又は農地等において行う盛土等で当該宅地又は農地等に隣接し、又は近接する宅地において災害を発生させるおそれが大きいものとして政令で定めるもの）または、土石の堆積（宅地又は農地等において行う土石の堆積で政令で定めるもの）に伴い災害が生ずるおそれが大きい市街地もしくは市街地となろうとする土地の区域等で、宅地造成等に関する工事について規制を行う必要があるものを**宅地造成等工事規制区域**として指定することができる。

❷ 特定盛土等規制区域

都道府県知事は、**宅地造成等工事規制区域以外の土地**の区域で、土地の傾斜度、渓流の位置その他の自然的条件及び周辺地域における土地利用の状況その他の社会的条件からみて、当該区域内の土地において特定盛土等又は土石の堆積が行われた場合には、これに伴う災害により市街地等区域その他の区域の居住者等の生命又は身体に危害を生ずるおそれが特に大きいと認められる区域を、**特定盛土等規制区域**として指定することができる。

❸ 規制

　宅地造成等工事規制区域や特定盛土等規制区域内で行う盛土等は都道府県知事の許可を要する。また、盛土等が行われた土地について土地所有者は常時安全な状態を維持する責務を負う。

❹ 許可の対象となる区画形質の変更（抜粋）

区域	許可が必要な切土・盛土
宅地造成等工事規制区域	①高さ1m 超の崖を生ずる盛土 ②高さ2m 超の崖を生ずる切土 ③盛土と切土を同時に行う場合に高さ2m 超の崖を生ずる場合（①、②を除く） ④高さ2m 超の盛土（①、③を除く） ⑤盛土または切土で500㎡超の面積が生ずる場合（①～④を除く）
特定盛土等規制区域	①高さ2m 超の崖を生ずる盛土 ②高さ5m 超の崖を生ずる切土 ③盛土と切土を同時に行う場合に高さ5m 超の崖を生ずる場合（①、②を除く） ④高さ5m 超の盛土（①、③を除く） ⑤盛土または切土で3,000㎡超の面積が生ずる場合（①～④を除く）

第**4**章
不動産の取得・保有に係る税金

第1節

不動産の取得と税金

❶ 不動産取得税

(1) 概要

　不動産取得税は、不動産つまり土地・家屋の取得者に対し、その不動産所在の**都道府県**が、取得時に課す税金である。

　公共的または公益的な目的に供される不動産の取得や、**相続**（相続人以外への特定遺贈は課税）や法人の合併などのような形式的な移転の場合は**非課税**とされる。

① 不動産の取得

　不動産の取得とは、有償無償を問わず、売買、交換、贈与（死因贈与を含む）、家屋の新築、増改築などにより土地または家屋の所有権を取得することをいう。

　不動産の取得の時期は、契約内容その他から総合的に判断して、現実に所有権を取得したと認められるときとされ、**登記の有無は要件ではない**。ただし、農地法の適用を受ける農地などは許可権者による移転の届出書の受理または許可のあった日とされる。

　また、宅地建物取引業者が販売用の新築住宅を取得した場合、最初に使用または譲渡があった日に、その所有者または譲受人が取得したものとみなされる。なお、新築後6カ月（2026年3月31日までは1年）を経過しても最初の使用または譲渡がない場合は、その日における所有者が取得したものとみなして課税される。

　不動産の取得者は、都道府県の条例に従い、取得後一定期限までに取得の事実等を都道府県に申告または報告する必要がある。

② 課税標準と税額

　不動産取得税の課税標準は、不動産を取得したときの価格であり、原則として市町村の固定資産課税台帳に登録されている**固定資産税評価額**によることとなっている。

　なお、**宅地**および宅地比準土地（市街化区域内の農地、雑種地等で、評価上宅地に類似

〔図表4-1〕不動産取得税の標準税率

種　類	標準税率	期　間
住宅	3%	2027年3月31日まで（軽減税率）
土地	3%	2027年3月31日まで（軽減税率）
店舗・事務所等	4%	適用期限なし（本則税率）

する土地）について、その取得が2027年3月31日までに行われた場合には、取得した土地の価格（固定資産税評価額）の2分の1が課税標準とされる。

　また、居住用超高層建築物（高さ60m超で、複数の階に住戸がある建築物）の専有部分の取得については、専有部分の床面積を「階層別専有床面積補正率」により補正して、全体の評価額を按分する。

注1 2018年度から新たに課税されることとなる居住用超高層建築物（2017年4月1日前に売買契約が締結された住戸を含むものを除く）について適用。

注2 「階層別専有床面積補正率」は、1階を100とし、1階上がるごとに+10／39とする。つまり、40階なら100+10／39×（40-1）=110となる。

　標準税率（都道府県が標準とする税率）は、取得する不動産の種類・取得する時期に応じて〔図表4-1〕のとおり定められている。税額は以下の算式のとおりである。

不動産取得税の税額

　固定資産税評価額×標準税率

(2) 住宅に関する特例

　住宅の取得については、以下のとおり、固定資産税評価額から一定の金額を控除した額が課税標準とされる。

① 新築住宅の特例

　床面積が1戸（マンション等の共同住宅にあっては独立区画1つごと）当たり50㎡（一戸建て以外の貸家住宅は40㎡）以上240㎡以下の住宅を新築または取得（未使用のものに限る）したときは、その住宅1戸ごと（共同住宅等については独立区画1つごと）に固定資産税評価額から1,200万円が控除される。

新築住宅を取得した場合の不動産取得税の税額

（固定資産税評価額－1,200万円）× 3 ％

また、2026年3月31日までに新築または取得した認定長期優良住宅について、一定の基準に適合する認定を受けたことを証する書類を添付して、都道府県に申告がされた場合は、固定資産税評価額から控除される金額が**1,300万円**となる。床面積等の要件は新築住宅の特例と同様である。

② 既存住宅（自己居住用　貸家不可）の特例

以下の要件を満たす既存住宅を、自己居住用として取得したときは、当該住宅の建築時期に応じて、固定資産税評価額から一定額が控除される〔**図表4－2**〕。

a．床面積が1戸当たり50㎡以上240㎡以下のもの

b．次のいずれかに該当するもの

　・1982年1月1日以後に新築されたもの

　・新耐震基準等に適合するもの[注]（建築経過年数を問わない）

注 耐震基準適合証明書、住宅性能評価書（耐震等級が等級1～3であるものに限る）または、既存住宅売買瑕疵保険付保証明書により証明する。なお、新耐震基準に適合しない既存住宅を取得し、6カ月以内（入居前）に適合するための改修を実施する場合を含む。

既存住宅を取得した場合の不動産取得税の税額

（固定資産税評価額－100万～1,200万円）× 3 ％

〔**図表4－2**〕**既存住宅の特例**

住宅が新築された時期	控除額
1954年7月1日～1963年12月31日	100万円
（略）	
1981年7月1日～1985年6月30日	420万円
1985年7月1日～1989年3月31日	450万円
1989年4月1日～1997年3月31日	1,000万円
1997年4月1日以降	1,200万円

なお、宅地建物取引業者が2025年3月31日までに既存住宅（新築後10年以上経過）を取得し、耐震基準適合要件を満たす一定の増改築等をして、取得の日から2年以内に個人

（自宅として使用）に販売した場合には、前記と同様の特例が適用される。

（3）住宅用地の税額軽減の特例

　前述の住宅に関する特例の適用対象となる新築住宅または既存住宅の敷地を、次のとおり取得した場合は、原則として都道府県に申告することにより不動産取得税が減額される。

　a．土地と特例適用住宅を同時に取得した場合

　b．土地を取得後3年以内（2026年3月31日までの取得の場合。ただし、やむを得ない事情がある場合は4年以内）に当該土地上に特例適用住宅を新築した場合

　c．特例適用住宅を新築または取得後1年以内にその敷地を取得した場合

注 自己居住用以外の場合、土地と併せて取得するのは新築後1年以内の未使用住宅に限られる。

　なお、新耐震基準に適合しない既存住宅を取得し、6カ月以内（入居前）に適合するための改修を実施する場合、また、宅地建物取引業者が取得した既存住宅に、耐震基準適合要件を満たす一定の増改築等をして、取得の日から2年以内に個人（自宅として使用）に販売した場合、いずれにおいてもその敷地について同様に不動産取得税が減額される。

　上記の要件を満たす住宅用地の税額は以下のとおりに減額される。

住宅用地を取得した場合の不動産取得税の税額

固定資産税評価額 $\times \dfrac{1}{2} \times 3\% -$ 軽減額[※]

（※）　軽減額は①、②のいずれか大きい金額
　①　150万円×3%
　②　土地1㎡当たり評価額 $\times \dfrac{1}{2} \times$（住宅の床面積×2）^(注)×3%

（※）　（住宅の床面積×2）は200㎡が限度、固定資産税評価額および「土地1㎡当たり評価額」に2分の1を乗じているのは、取得した土地の価格（固定資産税評価額）の2分の1が課税標準とされる特例によるもの。

第4章

例　題

Q:

　2024年5月に以下の土地付き新築住宅（認定長期優良住宅ではない）を購入した場合の不動産取得税はいくらになるか。

	面　積	価格（評価額）
土　地	200㎡	7,200万円
建　物	100㎡	1,260万円

A:

（1）土地

$$7,200\overset{\text{評価額}}{万円}\times\frac{1}{2}\times3\%-108万円^{(※)}=0円$$

（※）軽減額

① 150万円×3％=4万5,000円

② $(7,200万円\div200㎡)\times\dfrac{1}{2}\times(100\overset{\text{建物(床)面積}}{㎡}\times2)\times3\%=108万円$

③ ①＜② ∴108万円

（2）建物

$(1,260万円-1,200\overset{\text{特別控除額}}{万円})\times3\%=1万8,000円$

（3）合計　1万8,000円

② 登録免許税

　土地・建物などを取得したときの所有権移転登記、建物を新築したときの所有権保存登記などの登記の際に課税されるのが登録免許税である。

（1）納税義務者と納付

　登記を受ける人が納税義務者になる。なお、2人以上の人が共同して登記を受ける場合は、これらの人が連帯して納税義務を負うことになる。

　たとえば、建物の保存登記は単独申請であるため、その登記を受ける所有者が納税義務

〔図表4－3〕登録免許税の税率

登記の種類・原因			本則税率	軽減税率 （～ 2026年3月31日）	住宅用家屋の特例 （～ 2027年3月31日）
所有権保存			0.4%	―	0.15%
所有権移転	相続、合併等		0.4%	―	―
	共有持分の分割		0.4%	―	―
	売買	土地	2.0%	1.5%	―
		建物	2.0%	―	0.3%
	遺贈、贈与等		2.0%	―	―
抵当権の設定等			0.4%	―	0.1%
信託の登録	所有権の信託	土地	0.4%	0.3%	―
		建物	0.4%	―	―
	その他の権利の信託		0.2%	―	―

者になる。しかし、不動産の売買に伴い所有権移転登記をする場合は買主と売主の共同申請であり、登記権利者（買主）と登記義務者（売主）が連帯納税義務者になる。なお、表題登記（登記記録の表題部を初めて作成する登記）を含む表示に関する登記には登録免許税は課税されない。

納付については、原則として、その課税されるべき登録免許税を国に納付し、その領収書を登記申請書に貼付して登記所に提出しなければならない。しかし、登録免許税が3万円以下である場合等は、納付に代えて、その登録免許税相当額の印紙をその登記の申請書に貼付することで納付が完了する。

(2) 土地の相続登記に対する免税措置

土地を相続（相続人に対する遺贈を含む、以下同じ。）した者が所有権の移転登記を受けないまま死亡した場合、2025年3月31日までに、その死亡した者をその土地の登記名義人とするために受ける所有権移転登記は、免税とされる。

個人が、2025年3月31日までに、土地（価額が100万円以下）について受ける所有権保存登記（表題部所有者の相続人が受けるものに限る。）または相続による所有権移転登記は、免税とされる。

第4章

（3）登録免許税の計算

登録免許税は、課税標準に登記の種類に応じて定められた税率〔**図表 4 － 3**〕を乗じて算定する。土地に関する以下の原因に係る登記については、2026 年 3 月31日まで軽減税率が適用される。

　a．土地の売買による所有権移転登記…1,000分の15（1.5％）

　b．土地の所有権信託登記…1,000分の 3 （0.3％）

不動産の登記に関する登録免許税の課税標準は、所有権の移転登記等の場合は不動産の価額であり、土地の分筆の登記、登記の抹消等の場合は不動産の個数となる。また、抵当権の設定登記等の場合は**債権額**となる。

不動産の価額は登記する際の不動産の時価とされているが、固定資産課税台帳に登録されている価格（いわゆる**固定資産税評価額**）を基礎として定めている。

（4）住宅用家屋の登録免許税の特例

住宅用家屋とは、**自己の居住用家屋**で床面積の合計が原則として**50㎡以上**（マンションは専有部分の面積50㎡以上）で、既存住宅の場合は新耐震基準に適合している住宅（登記簿上の建築日付が1982 年 1 月 1 日以降の住宅は適合しているものとみなす）でなければならない。

①　住宅用家屋の所有権保存登記の特例

2027年 3 月31日までに個人が一定の住宅用家屋を新築し、または新築後使用されたことのない住宅用家屋を取得し、それを**居住の用に供した**場合の所有権**保存**登記は、その住宅用家屋の新築または取得後 **1 年以内**に登記を受けるものに限り、税率が**1,000分の1.5**（0.15％）に軽減される。

②　住宅用家屋の所有権移転登記の特例

2027年 3 月31日までに個人が住宅用家屋を取得（売買、競売に限る）し、それを**居住の用に供した**場合の所有権**移転**登記は、その住宅用家屋の取得後 1 年以内に登記を受けるものに限り、税率が**1,000分の 3** （0.3％）に軽減される。

③　住宅用家屋の抵当権設定登記の特例

2027年 3 月31日までに個人が住宅用家屋を新築または取得する際の借入金等の担保目的で設定される**抵当権設定**登記は、その住宅用家屋の新築または取得後 1 年以内に登記を受けるものに限り、税率が**1,000分の 1** （0.1％）に軽減される。

④ 認定長期優良住宅

2027年 3 月31日までに新築または建築後使用されたことのない一定の認定長期優良住宅を取得して、自己の居住の用に供した場合の登録免許税について、所有権保存登記および所有権移転登記の税率が1,000分の 1 （0.1%、ただし戸建住宅に係る所有権移転登記は1,000分の 2 （0.2%））に軽減される。

⑤ 認定低炭素住宅（認定省エネ住宅）

2027年 3 月31日までに新築または建築後使用されたことのない一定の認定低炭素住宅を取得して、自己の居住の用に供した場合の登録免許税について、所有権保存登記および所有権移転登記の税率が1,000分の 1 （0.1%）に軽減される。

⑥ 特定の増改築等がされた住宅用家屋の所有権移転登記の特例

2027年 3 月31日までに、個人が宅地建物取引業者により一定の増改築等が行われた一定の住宅用家屋を取得する場合、所有権移転登記の税率が1,000分の 1 （0.1%）に軽減される。

第4章

例　題

Q:

　Ａさんが2024年中に以下の宅地（非住宅用地）を売買により取得する場合、①不動産取得税、②所有権移転登記に係る登録免許税はそれぞれいくらか。
　取得価額：4,200万円
　固定資産税課税台帳登録価格：3,000万円

A:

① 3,000万円 $\times \dfrac{1}{2} \times 3\% = 45$万円

② 3,000万円 $\times 1.5\% = 45$万円

❸ 消費税および地方消費税

(1) 課税対象

不動産に関連して消費税等の課税対象となるのは、「国内において」「事業として」「対価を得て行われる」「資産の譲渡、貸付および役務の提供」という要件を満たす場合が原則であり、建物の売買や仲介手数料が該当する。

(2) 非課税取引

消費税および地方消費税（以下、消費税等）は、消費に広く薄く負担を求めるという観点から、金融取引や資本取引、医療、福祉、教育の一部を除いて、国内のほとんどすべての商品の販売、サービスの提供および保税地域から引き取られる外国貨物を課税対象として、取引の各段階に課税される間接税である。

消費税等の税率は、10％（消費税7.8％、地方消費税2.2％）である。なお、飲食料品の譲渡等に関する軽減税率は8％（消費税6.24％、地方消費税1.76％）である。

しかし、不動産取引の中には消費税等の性格から課税対象とすることになじまないものや、社会政策的配慮に基づき消費税等を課税しない非課税取引がある。具体的には、**土地（土地の上に存する権利を含む）の譲渡**および**貸付**、**住宅の貸付**が**非課税取引**とされている〔図表4−4〕。

土地売買が課税されないのは、消費対象ではなく、「資本の移転」取引とみなされているためである。

ただし、1カ月未満の土地の貸付および建物、駐車場その他施設の利用に伴って土地が使用される場合、あるいは住宅の貸付であっても**1カ月未満**の場合は課税取引となる。

〔図表4−4〕不動産取引と消費税等

	譲渡	貸付	仲介手数料
土地	非課税	原則非課税[※1・2]	課税
建物	課税	住宅以外は課税 住宅は非課税[※1]	課税

（※1）土地の短期貸付や住宅の短期貸付（1カ月未満）は課税取引。
（※2）駐車場その他施設の利用に伴って土地が使用される場合は課税取引（青空駐車場で、地面の整備、区画をせず、車両管理もしない場合は非課税）。

　土地（非課税）と建物（課税）を一括して譲渡した場合には、原則としてその全体の譲渡代金を譲渡時における土地と建物のそれぞれの対価の額により区分し、建物の額にのみ課税される。

　なお、有効活用による不動産の賃貸は、建物だけでなく土地の貸付を含むとみることもできるが、上記のとおり、住宅以外の家賃等は全額課税対象となる。

印紙税

　不動産を譲渡する際の売買契約書、または建設工事の請負契約書を作成したときには、文書の種類および記載された契約金額・受取金額に応じて印紙税が課税される。この場合、1つの課税文書を2人で共同して作成すると、連帯して印紙税を納めることとなる。

　契約書を複数作成した場合には**作成した部数**だけ印紙を貼ることとなるが、正本、副本、写しなどと分けても、契約の当事者の**双方**または**一方の署名・捺印があれば**、印紙税の**課税対象**となる。

　また、いわゆる本契約書だけでなく、それに先立つ仮契約書、予約契約書、念書、覚書

第4章

〔図表4－5〕印紙税の軽減税額

契約金額		本則税率	軽減税額 （2027年3月31日まで）
不動産売買契約書	建設工事請負契約書		
10万円超　50万円以下	100万円超　200万円以下	400円	200円
50万円超　100万円以下	200万円超　300万円以下	1,000円	500円
100万円超　500万円以下	300万円超　500万円以下	2,000円	1,000円
500万円超　1,000万円以下		1万円	5,000円
1,000万円超　5,000万円以下		2万円	1万円
5,000万円超　1億円以下		6万円	3万円
1億円超　5億円以下		10万円	6万円
5億円超　10億円以下		20万円	16万円
10億円超　50億円以下		40万円	32万円
50億円超		60万円	48万円

きなども契約書として課税対象となる。仮契約書を作成して後日、本契約書を作成する場合には、その双方に印紙を貼らなければならない。

印紙税は契約書に印紙を貼り、印鑑で消印して納付するが、**印紙を貼らなかったまたはその金額に不足**があった場合には、原則として納付しなかった印紙税額の**3倍の額**（印紙税の額とその2倍相当額）の過怠税が**課税**される。また、印紙は貼ってあるが、消印がされていない場合には、その印紙と同額の過怠税が課税される。

2027年3月31日までに作成される不動産の譲渡に関する契約書または建設工事の請負に関する契約書に係る印紙税額は、〔**図表4－5**〕のように軽減される。

なお、借入金により不動産を購入する場合、借入れをする際の金銭消費貸借に関する契約書には印紙税が課税される。

❺ 借地権と贈与

不動産の賃貸に際し、借地権の取引慣行がある地域においては、借地権の設定時に借地権の贈与が問題となる。取引慣行がある地域とは、借地権の設定時に権利金等の一時金を授受する慣行のある地域をいう。この地域において権利金等を支払うことなく（または通常より少額の権利金等を支払って）借地権を設定したときは、地主から借地人に借地権相当額の範囲内で贈与があったものとみなされる。

ただし、権利金等の一時金を授受することなく土地を借り受けても、次の場合には**借地権相当額の贈与とみなされない**。

① **個人間で土地を使用貸借で借り受ける場合**

使用貸借とは、土地の貸借に際して権利金などの一時金や毎年の地代を授受しないものをいう。なお、借地人が当該借地部分の固定資産税・都市計画税（本来、地主に納税義務がある）を負担していても使用貸借とされる。

② **相当の地代を支払っている場合**

相当の地代は形式基準または実質基準により算出するが、形式基準の算式は以下のとおりである。

a. **土地の更地価額×おおむね年6％**

権利金を払わない代わりに通常より高い賃料を支払う方法である。土地の更地価額は通常の取引価額であるが、公示価格や標準価格、路線価またはその過去3年間の平均額によることができる。

　なお、相当の地代の改訂については次のいずれかを選択し、所轄税務署長に「**相当の地代の改訂方法に関する届出書**」を提出することになる。

　　b．当該借地部分の土地の価額の上昇（下降）に応じて、地代の額を相当の地代の額に
　　　スライドさせる方法

　　c．地代の額をスライドさせずに据え置く方法

③　**将来、借り受けた土地を**地主に無償で返還**することを約し、所轄税務署長に「**土地の無償返還に関する届出書**」を提出している場合**

④　借地上の建物のみの贈与**を受けたときなどで、その借地権の目的となっている**土地の全部を使用貸借**により借り受けて、所轄税務署長に「**借地権の使用貸借に関する確認書**」を提出している場合**

実務上のポイント

- 不動産取得税においては、登記の有無を問わず、土地・建物を取得した者に対し、都道府県が課税する。
- 相続（相続人以外への特定遺贈を除く）のような不動産の形式的な移転の場合は、不動産取得税は非課税である。
- 不動産取得税の課税標準の特例として、新築住宅は固定資産税評価額から1,200万円（新築の認定長期優良住宅は1,300万円）を控除する。
- 表題登記には登録免許税は課されない。
- 住宅家屋の登録免許税において、所有権移転登記の特例は個人が住宅を売買、競売で取得したものが対象であり、贈与による取得は対象にならない。

第**2**節

不動産の保有と税金

❶ 固定資産税

(1) 概要

　固定資産税は、固定資産について課される税金で、毎年1月1日現在において固定資産課税台帳等に所有者として登録されている者に対し、毎年その固定資産の所在する**市町村**（東京23区は都）が課す税金である。

　なお、固定資産とは、土地、家屋および償却資産をいう。

　a．土地………田、畑、宅地、塩田、鉱泉地、池沼、山林、牧場、原野その他の土地

　b．家屋………住宅、店舗、工場、倉庫その他の建物

　c．償却資産…土地および家屋以外の事業の用に供する資産（無形固定資産を除く）で、減価償却の対象となる資産をいう。ただし、自動車税のかかる自動車等を除く

(2) 納税義務者

① 固定資産の所有者

　固定資産税の納税義務者は固定資産の所有者であり、毎年1月1日現在、以下の固定資産課税台帳に登録されている者をいう（**台帳課税主義**）。

　a．土地、家屋……固定資産課税台帳または土地補充課税台帳・家屋補充課税台帳（登記のないもの）

　b．償却資産………償却資産課税台帳

② 賦課期日における所有者

　固定資産税は、毎年1月1日を賦課期日として、納税義務者、非課税の範囲、課税標準額などを定める。つまり、賦課期日現在の固定資産課税台帳等に所有者として登録されて

いる者がその年度の納税義務者となる。

　なお、年の途中で売買等により所有者が変わった場合、実務上は、所有期間に応じて按分して負担することが一般的である。

（3）課税標準

①　土地・家屋の課税標準

　土地または家屋の固定資産課税台帳に登録された価格（固定資産税評価額）をもって課税標準とする。

　「価格」とは適正な時価とされているが、具体的には総務大臣が定めた固定資産評価基準により固定資産評価員が評価し、市町村長（東京都23区内は都知事）がその価格を決定し固定資産課税台帳に登録されたものとなる。

　土地と家屋の固定資産税評価額は、基準年度（3年ごと。直近は2024年度）ごとに決定し、原則としてこれが3年間据え置かれることとなっている。ただし、基準年度以外でも地価が激しく変動している場合は、簡易な方法により評価額を修正することとされている。

　さらに、次のような場合には基準年度以外でも評価が行われ、価格が決定される。

　ａ．新たに固定資産税を課されることとなった土地または家屋

　ｂ．土地の地目の変換、家屋の改築、損壊、その他特別の事情のある土地または家屋

　ｃ．市町村の廃置分合または境界変更

　なお、同一市町村の区域内に同一の者が所有している土地30万円未満、家屋20万円未満（各々の課税標準）がそれぞれ免税点とされており、これを超えた場合にはその全額に課税されることとなる。

②　住宅用地の課税標準の特例

　住宅用地（貸家も可）については、課税標準を軽減する特例が設けられている（ただし、住宅の総床面積の10倍までの土地が対象となる）。なお、併用住宅の敷地は、面積に一定の率を乗じて住宅用地を求め、特例の対象とする〔図表4-6〕。

　ａ．小規模住宅用地（200㎡／戸までの部分）………その年度の固定資産税評価額×$\frac{1}{6}$

　ｂ．一般の住宅用地（200㎡／戸を超える部分）……その年度の固定資産税評価額×$\frac{1}{3}$

　たとえば、住宅の敷地（500㎡）のうち、200㎡は小規模住宅用地、残りの300㎡が一般住宅用地となる（ただし、住宅の総床面積の10倍まで）。

〔図表４－６〕一部が居住の用に供されている家屋の敷地

家屋の種類	居住部分の割合	率
地上階数5以上の 耐火建築物の家屋	4分の1以上2分の1未満 2分の1以上4分の3未満 4分の3以上	0.5 0.75 1.0
上記以外の家屋	4分の1以上2分の1未満 2分の1以上	0.5 1.0

（※）家屋の居住部分の割合に応じた率を敷地に乗じた部分について、住宅用地の課税標準の特例が受けられる。

注 空家等対策の推進に関する特別措置法に基づく必要な措置の勧告の対象となった**管理不全空家等**および**特定空家等**（周辺の生活環境の保全を図るために放置することが不適切な状態にある空家等）に係る土地については、住宅用地に係る固定資産税および都市計画税の課税標準の特例措置の対象から**除外**される。

(4) 税率

標準税率は1.4％で、税額は以下の算式による。なお、標準税率とは、通常その税率によるべきものとして定められている税率で、財政上その他の必要があるときは、それによらなくてもよいとされている。

固定資産税の税額

固定資産税評価額×1.4％（標準税率）

なお、居住用超高層建築物（高さ60m超で、複数の階に住戸がある建築物）については、専有部分の床面積を「階層別専有床面積補正率」により補正して、全体に係る固定資産税額を各区分所有者に按分する（都市計画税も同じ）。

注1 2018年度から新たに課税されることとなる居住用超高層建築物（2017年4月1日前に売買契約が締結された住戸を含むものを除く）について適用。

注2 「階層別専有床面積補正率」は、1階を100とし、1階上がるごとに＋10／39とする。つまり、40階なら100＋10／39×（40－1）＝110となる。

(5) 税額の減額

① 新築住宅に対する減額

2026年3月31日までに新築された住宅のうち、次の要件を満たすものについては、新たに固定資産税が課税されることとなった年度から**3年度分**に限り、120㎡までの床面積に対する税額が**2分の1**減額される。ただし、新築住宅のうち、**3階建て以上の中高層耐火住宅**にあっては**5年度分**にわたり減額される。

　ａ．居住用部分の床面積が全体の２分の１以上

　ｂ．居住用部分の床面積が50㎡（一戸建て以外の貸家住宅は40㎡）以上280㎡以下

なお、いわゆるセカンドハウス、賃貸住宅も対象範囲に含まれる。

　また、2026年３月31日までに新築または取得した認定長期優良住宅について、一定の基準に適合する認定を受けたことを証する書類を添付して市町村に申告がされた場合は、減額期間が５年度分（３階建以上の中高層耐火住宅の場合は７年度分）となる。

② 耐震改修した既存住宅に対する減額

　1982年１月１日以前から存していた住宅で、2026年３月31日までに新耐震基準に適合させるように一定の改修工事（国、地方公共団体からの補助金を除く自己負担額が50万円超）を施したものについては、改修工事が完了した年の**翌年度分**に限り、**120㎡までの床面積に対する税額が２分の１**（長期優良住宅の認定を受けて改修すれば３分の２）減額される。

③ バリアフリー改修工事した既存住宅に対する減額

　新築された日から10年経過している住宅で、（イ）65歳以上の者、（ロ）介護保険法の要介護または要支援の認定を受けている者、（ハ）障害者である者のいずれかが居住するもの（賃貸住宅を除く、改修後の床面積が50㎡以上280㎡以下）で、2026年３月31日までに一定のバリアフリー改修工事（国、地方公共団体からの補助金を除く自己負担額が50万円超）を施したものについては、改修工事が完了した年の**翌年度分**に限り、**100㎡までの床面積に対する税額が３分の１**減額される。

④ 省エネ改修した既存住宅に対する減額

　2014年４月１日以前から存していた住宅（賃貸住宅を除く、改修後の床面積が50㎡以上280㎡以下）で、2026年３月31日までに一定の省エネ改修工事（国、地方公共団体からの補助金を除く自己負担額が60万円超）を施したものについては、改修工事が完了した年の**翌年度分**に限り、**120㎡までの床面積に対する税額が３分の１**（長期優良住宅の認定を受けて改修すれば３分の２）減額される。

⑤ その他

　ａ．サービス付き高齢者向け賃貸住宅に対する減額

　2025年３月31日までに新築されたサービス付き高齢者向け賃貸住宅のうち一定のものについては、新たに固定資産税が課税される年度から５年度分に限り、税額の３分の２を参酌して２分の１以上６分の５以下の範囲内において市町村の条例で定める割合相当額が減額される。

　ｂ．長寿命化に資する大規模修繕工事を行ったマンションに対する減額

第4章

マンションの管理に関する計画が都道府県等の長により認定される等により、2023年4月1日から2025年3月31日までに長寿命化に資する一定の大規模修繕工事を行ったマンションのうち一定のものについては、大規模修繕工事が完了した年の翌年度分に限り、100㎡／戸までの床面積に対する税額の3分の1を参酌して6分の1以上2分の1以下の範囲内において市町村の条例で定める割合相当額が減額される。

(6) 納期

固定資産税は、都市計画税と合わせて、**4回（4期）**に分けて納付する（納付月は、市町村の条例により定められる）。また、第1期に全額を納付することもできる。

2 都市計画税

都市計画税は、都市計画事業または土地区画整理事業に必要な経費に充てることを目的に、都市計画区域を有する**市町村**（東京23区は都）が、原則として**市街化区域内**に所在する土地・家屋の所有者として固定資産課税台帳等に登録されている者に対して課す税金（目的税）である。

(1) 課税標準

① 原則

土地または家屋に係る固定資産税の課税標準となるべき額（固定資産税評価額）とされている。

また、都市計画税の免税点は、固定資産税と同様に、土地30万円未満、建物20万円未満とされている。

② 住宅用地の課税標準の特例

住宅用地については、次のように課税標準を軽減する特例が設けられているが、軽減割合は固定資産税と異なる（ただし、住宅の総床面積の10倍までの土地が対象となる）。

a．**小規模住宅用地**（200㎡／戸までの部分）………その年度の固定資産税評価額×$\frac{1}{3}$

b．**一般の住宅用地**（200㎡／戸を超える部分）……その年度の固定資産税評価額×$\frac{2}{3}$

なお、固定資産税と同様に、特定空家等に係る土地は都市計画税の課税標準の特例措置

の対象から除外される。

（2）税率

　各市町村において条例で定めているが、制限税率は0.3%である。なお、制限税率とは、課税する場合にこれを超えて課税してはならないと定められている税率である。

都市計画税の税額

固定資産税評価額×0.3%（制限税率）

また、新築住宅に対する税額の減額特例は、都市計画税にはない。

実務上のポイント

- 固定資産税の住宅用地の課税標準の特例として、1戸当たり200㎡までの部分は固定資産税評価額の6分の1、それを超える部分は3分の1となる。
- 新築住宅のうち、一定の要件を満たすものは、固定資産税が課される年度から3年度分（3階建て以上の中高層耐火住宅にあっては5年度分）に限り、120㎡までの床面積に対する税額が2分の1減額される。
- 都市計画税の課税対象は、原則として市街化区域内にある土地、建物である。
- 都市計画税の住宅用地の課税標準の特例として、1戸当たり200㎡までの部分は固定資産税評価額の3分の1、それを超える部分は3分の2となる。

第 5 章
不動産の
譲渡に係る税金

第1節

土地建物等の譲渡と税金

❶ 譲渡所得の計算

個人が譲渡した土地建物等の譲渡所得は、他の所得と分離して所得税と住民税が課税される（分離課税）。

譲渡所得金額の計算方法は次のとおりである。

譲渡所得金額

> 総収入金額－（取得費＋譲渡費用）　※1,000円未満切捨て

（1）総収入金額

総収入金額とは、その土地（借地権を含む）や建物（構築物、附属設備を含む）の譲渡によってその年に収入すべきことが確定した金額をいう。したがって、譲渡した年中に受け取っていない未収入金があっても、その金額を含んで計上する。

譲渡代金を金銭以外のもの、たとえば、固定資産の交換において、Ａ土地を交換で譲渡し、Ｂ土地を交換で取得した場合、Ａ土地の譲渡による収入金額は、Ｂ土地の時価（ただし、交換差金等の授受があるときは、Ｂ土地の時価±交換差金等）となる。

なお、個人が、法人に対して土地建物等を贈与した場合や時価の２分の１未満の価額で譲渡した場合には、時価により譲渡したものとみなして、譲渡した個人に譲渡所得が課税される。

（2）取得費

取得費とは、その土地（借地権を含む）や建物（構築物、付属設備を含む）の購入代金、購入のための仲介手数料、印紙代、登録免許税、登記費用、不動産取得税などのほか、設

備に要した費用や取得後に加えた改良費用の合計額である。

ただし、建物の取得費は、これらの合計額から一定の方法で計算した売却時点までの減価償却費相当額を差し引いた金額になる。なお、1998年4月1日以降に取得した業務用（または賃貸用）建物の減価償却費は、定額法または旧定額法により計算されている。また、非業務用資産（自宅建物等）の減価償却費相当額は、譲渡時において、本来の耐用年数の1.5倍の年数に応じた償却率を用いて、旧定額法により計算する。

土地や建物を購入したり新築したりするための借入金の利子のうち、その土地や建物の使用開始の日までの期間に対応する部分は、土地の取得費、建物の取得価額に加えることができる。

なお、取得費がわからないときや実際の取得費が譲渡価額の5％より少ない場合には、譲渡価額の5％相当額を取得費（概算取得費）とすることができる。

(3) 譲渡費用

譲渡費用とは、土地や建物を譲渡するために直接かかった費用を指す。売却のための広告料、不動産鑑定評価手数料、測量費、仲介手数料、印紙代、貸家を譲渡する場合の借家人に支払った立ち退き料、土地の譲渡に際してその土地の上にある建物を取り壊した場合の取壊し費用などがこれにあたり、代金回収費用などの間接的な費用は該当しない。

なお、修繕費や固定資産税、都市計画税などの土地、建物の維持管理のために要する費用は、取得費にも譲渡費用にも該当しない。

❷ 長期譲渡所得と短期譲渡所得

土地建物等の譲渡所得は、所有期間に応じて長期（または短期）譲渡所得に区分される。長期、短期の区分は譲渡した日の属する年の1月1日現在で判定し、5年超が長期、5年以下が短期となる〔図表5－1〕。

なお、譲渡した土地建物等の取得の日および譲渡の日は、いずれも引渡し日とされるが、売買契約日とすることもできる。また、相続（限定承認を除く）により取得した土地建物等の取得の日は、被相続人が当該土地建物等を取得した日とされ、贈与により取得した場合の取得の日は、贈与者が取得した日とされる〔図表5－2〕。

長期（または短期）譲渡所得の税額は、次記の（1）（2）のとおり計算される。

〔図表 5 − 1〕 長期・短期の区分方法

〔図表 5 − 2〕 取得原因と取得の日

取得原因	取得の日（取得時期）
新築	引渡し日
売買	資産の引渡し日または契約の効力発生日
相続 [※]	被相続人（前の所有者）の取得の日
贈与	贈与者（前の所有者）の取得の日

（※）限定承認を除く。

(1) 長期譲渡所得の税額

> 税額＝譲渡所得金額×20％（所得税15％、住民税 5 ％）[※]
> （※）　復興特別所得税を含む場合：20.315％（所得税15.315％、住民税 5 ％）

(2) 短期譲渡所得の税額

> 税額＝譲渡所得金額×39％（所得税30％、住民税 9 ％）[※]
> （※）　復興特別所得税を含む場合：39.63％（所得税30.63％、住民税 9 ％）

　なお、不動産の譲渡所得に損失が発生した場合、長期譲渡所得のうち、一定要件を満たす居住用財産の譲渡損失は、他の所得の黒字と損益通算や繰越控除が認められるが、その他の不動産の譲渡所得の損失は、他の所得の黒字との損益通算や繰越控除は認められない（内部通算はできる）。

　不動産の譲渡所得に対する課税については、別途、各種特例措置が定められている。

❸ 相続税の取得費加算の特例

相続により取得した財産を、相続開始の翌日から、相続税の申告期限の翌日以後3年以内に譲渡したときは、支払った相続税のうち一定金額を取得費に加算することができる。

$$取得費に加算する相続税額＝その者の納付相続税額 \times \frac{\begin{array}{c}その者が譲渡した\\土地・建物に係る相続税評価額\end{array}}{\begin{array}{c}その者の相続税の課税価格\\（債務・葬式費用控除前）\end{array}}$$

この特例は、居住用財産の譲渡所得の特別控除（3,000万円特別控除）や特定の居住用財産の買換え特例とは重複して適用できるが、相続空家の譲渡所得の特別控除とは重複適用できない。

第5章

実務上のポイント

・譲渡した土地建物等の取得の日および譲渡の日は、いずれも引渡し日とされるが、売買契約日とすることもできる。また、相続（限定承認を除く）により取得した土地建物等の取得の日は、被相続人が当該土地建物等を取得した日とされ、贈与により取得した場合の取得の日は、贈与者が取得した日とされる。
・相続により取得した財産を、相続開始の翌日から、相続税の申告期限の翌日以後3年以内に譲渡したときは、支払った相続税のうち一定金額を取得費に加算することができる。

第2節

譲渡所得の計算の特例

❶ 居住用財産の譲渡の特例

(1) 居住用財産の譲渡の特例の種類

居住用財産の譲渡の特例は、以下のとおりである。

・居住用財産の3,000万円の特別控除
・居住用財産の長期譲渡所得の特例（軽減税率の特例）
・特定の居住用財産の買換えの特例
・居住用財産の買換え等の場合の譲渡損失の損益通算および繰越控除
・特定居住用財産の譲渡損失の損益通算および繰越控除

(2) 特例の共通要件

居住用財産の譲渡の特例を受けるには、譲渡した家屋またはその敷地が次のいずれかに該当し、かつ、譲渡先が自己と特別の関係にある者以外であることが必要である。

　a．現に自己の居住の用に供している家屋の譲渡であること
　b．上記a．の居住用家屋とともにする、その敷地である土地または借地権の譲渡であること
　c．家屋に自己が居住しなくなった日から、3年を経過する日の属する年の12月31日までの譲渡であること（災害等により家屋が滅失した場合も同じ）
　d．居住用家屋を取り壊して、その敷地であった土地または借地権を譲渡する場合で、家屋を取り壊した後、その土地等を貸付その他の用に使用しないで、1年以内に土地等の譲渡に関する契約を結び、かつ、その家屋に居住しなくなった日から3年を経過する日の属する年の12月31日までの譲渡であること

（3）共通要件の詳細

① 「現に自己の居住の用に供している家屋」の意味

　自己の生活の拠点として利用している家屋をいう。したがって、居住用家屋を2以上所有している場合には、主として居住の用に使用している家屋だけに限られる。

② 「居住の用に供している家屋」の判定

　ａ．その家屋のうち居住用以外に使用している部分があるとき（たとえば店舗兼住宅等）は、原則として面積の比による居住用部分のみが対象となる。なお、居住用部分の面積が、当該家屋の90％以上の場合は、家屋全体を居住用として扱うことができる

　ｂ．転勤や入院等のやむを得ない事情によって、従来居住用として使用していた家屋を離れ、別のところに住んでいる場合には、現にその家屋に自分の配偶者や扶養親族などが住んでおり、転勤等のやむを得ない事情が解消した後に、自分がその家屋に住むと認められた場合の家屋は自己の居住の用に供している家屋に該当する

③ 適用対象とならない譲渡先である「特別の関係にある者」の範囲

　ａ．その個人の配偶者および直系血族

　ｂ．その個人の親族（上記ａ．に該当する者を除く）で、その個人と生計を一にしている者および家屋の譲渡後その個人とその家屋に居住する者

　ｃ．その個人が経営する同族会社等

２ 居住用財産の譲渡所得の特別控除（3,000万円特別控除）

（1）内容

　個人が自己の居住用財産を譲渡した場合には、譲渡益（譲渡収入金額−（取得費＋譲渡費用））から3,000万円（譲渡益が3,000万円に満たない場合はその金額）の特別控除が認められている。

3,000万円特別控除による課税譲渡所得金額

> 収入金額−（取得費＋譲渡費用）−3,000万円

　この3,000万円特別控除は、長期・短期譲渡所得ともに認められており、両方の譲渡所得がある場合には、まず短期譲渡所得から控除し、控除しきれない場合には、その残額を

長期譲渡所得から控除する。

　なお、その年の前年または前々年に、すでに3,000万円特別控除等の居住用財産の譲渡の特例の適用を受けていないことが要件となる。つまり、同一人について、**3年間に1度しか認められない。**

　また、住宅借入金等特別控除とは、重複適用はできない。

(2) 居住用家屋の所有者と土地の所有者が異なる場合

　家屋の所有者とその家屋の敷地の用に供されている土地の所有者が異なる場合で、その家屋の譲渡益が3,000万円に満たないため、3,000万円の特別控除を控除しきれない場合には、下記のすべての要件に該当する場合に限り、その残額を土地所有者の土地の譲渡益から控除することができる。

　a．家屋の所有者と土地の所有者が、その家屋と土地を同時に譲渡していること
　b．家屋の所有者と土地の所有者とが親族関係にあること
　c．土地の所有者が、家屋の所有者と生計を一にしており、かつ、その家屋の所有者とともにその家屋に居住していること

なお、家屋とその敷地をどちらも共有し、その家屋に居住している共有者が、その家屋と敷地を同時に譲渡した場合には、それぞれが3,000万円の特別控除の適用を受けることができる。

❸ 居住用財産を譲渡した場合の長期譲渡所得の課税の特例（軽減税率の特例）

(1) 内容

　個人が譲渡した年の1月1日における所有期間が**土地等、建物等いずれも10年を超える**居住用財産を譲渡した場合、課税長期譲渡所得金額について、軽減税率が適用される。

(2) 税額計算

軽減税率の特例による税額

・課税長期譲渡所得金額が6,000万円以下の部分の金額
　課税長期譲渡所得金額×10.21%（所得税）
　課税長期譲渡所得金額× 4 %（住民税）
・課税長期譲渡所得金額が6,000万円超の部分の金額
　（課税長期譲渡所得金額－6,000万円）×15.315%（所得税）
　（課税長期譲渡所得金額－6,000万円）× 5 %（住民税）

（3）適用要件

　所有期間を除き、3,000万円特別控除と同様であり、**3,000万円特別控除との併用が可能**（収用等の場合の5,000万円特別控除との併用も可能）である。

　しかし、長期所有の居住用財産の譲渡について、**①特定の居住用財産の買換え・交換の特例**、**②収用等に伴い代替資産を取得した場合の特例**、**③住宅借入金等特別控除**などとの併用はできない。

例　題

Q：

　1984年から住んでいた居住用の土地および家屋を2024年中に 1 億円で売却した。この売却に伴う所得税額および住民税額はいくらになるか。

　ただし、取得費については概算取得費とし、譲渡費用は400万円として計算する。

A：

（1）譲渡所得の計算

1 億円 − （1 億円 × 5 ％ + 400万円） − 3,000万円 = 6,100万円

・概算取得費は収入金額（譲渡価額）の 5 ％相当額

・3,000万円の特別控除の適用がある。

（2）税額計算

・所得税額

　課税長期譲渡所得金額が6,000万円以下の部分

　6,000万円 × 10.21％ = 612万6,000円

　課税長期譲渡所得金額が6,000万円超の部分

　100万円 × 15.315％ = 15万3,150円

　合計627万9,100円（100円未満切り捨て）

・住民税額

　課税長期譲渡所得金額が6,000万円以下の部分

　6,000万円 × 4 ％ = 240万円

　課税長期譲渡所得金額が6,000万円超の部分

　100万円 × 5 ％ = 5 万円

　合計245万円

第 5 章

④ 特定の居住用財産の買換えの特例

(1) 内容

　個人が2025年12月31日までに、譲渡の年の1月1日における**所有期間が10年を超える**居住用財産（土地、建物等）を譲渡し、その譲渡の日の属する年の前年、譲渡した年またはその翌年末までに、自己の居住用財産を新たに取得し、その譲渡した年の翌年（譲渡年の翌年中に取得したものは、翌々年）の12月31日までに、これを居住の用に供し、または居住の用に供する見込みである場合には、買い換えた部分については、その譲渡がなかったものとして課税が繰り延べられる（なお、居住用財産を交換で取得した場合も同様）。

> **特定の居住用財産の買換え特例による譲渡益**
>
> ① 収入金額＝譲渡資産の譲渡価額－買換資産の取得価額
>
> ② 取得費＋譲渡費用＝（譲渡資産の取得費＋譲渡費用）× $\dfrac{①収入金額}{譲渡資産の譲渡価額}$
>
> ③ 譲渡益＝①－②

　つまり、**買換資産が譲渡資産と等価**の場合や、**譲渡資産よりも高い**場合は**課税されない**が、**譲渡資産の譲渡価額よりも買換資産の取得価額のほうが少ないときは、その差額についてのみ課税**されることになる（**100％課税繰延べ**）。

　なお、**3,000万円特別控除**や**軽減税率の特例**と、この特例とを重複適用することはできず、いずれか**選択適用**（ただし、3,000万円特別控除と軽減税率の特例は併用可能）とされている。

　また、この特例の適用を受ける場合、住宅借入金等特別控除との重複適用はできない。

(2) 取得価額および取得時期

　特定の居住用財産の買換えの特例の適用を受けた場合、将来、この買換資産を譲渡したときにおける譲渡所得金額の計算上の買換資産の取得費は実際の取得価額ではなく、**譲渡資産の取得費と譲渡費用を引き継いで計算**する。具体的には次のように求める。

買換資産の取得費

①　譲渡資産の譲渡価額＞買換資産の取得価額の場合

$$\left(\begin{array}{c}譲渡資産 \\ の取得費\end{array} +譲渡費用\right) \times \dfrac{買換資産の取得価額}{譲渡資産の譲渡価額}$$

②　譲渡資産の譲渡価額＝買換資産の取得価額の場合

譲渡資産の取得費＋譲渡費用

③　譲渡資産の譲渡価額＜買換資産の取得価額の場合

$$\left(\begin{array}{c}譲渡資産 \\ の取得費\end{array} +譲渡費用\right) + \left(\begin{array}{c}買換資産の \\ 取得価額\end{array} - \begin{array}{c}譲渡資産の \\ 譲渡価額\end{array}\right)$$

　一方、買換資産の取得日は、譲渡資産の取得日を引き継がず、買換資産を実際に取得した日となる。

（3）譲渡資産の範囲

　a．個人が譲渡した年の1月1日における所有期間が10年を超える居住用財産（土地、建物等いずれも）であること

　b．居住期間が通算で10年以上であること

　c．譲渡対価の額が1億円以下（譲渡資産が共有である場合は、所有者ごとの譲渡対価により判定する）であること

（4）買換資産の範囲

　a．建物については、その個人が居住の用に供する部分の床面積が50㎡以上のもの（上限はない）

　b．既存住宅の場合は、建築後25年以内のもの、または新耐震基準等に適合するもの（建築経過年数を問わない）

ただし、いずれの要件も満たさない非耐火既存住宅を取得し、d．の取得期限までに改修等を行って上記の要件に適合すれば認められる。

　c．土地については、その面積が500㎡以下のもの

　d．譲渡した年の前年、譲渡した年またはその翌年末までに取得すること

　e．譲渡した年の翌年（譲渡年の翌年中に取得したものは、翌々年）の12月31日までに居住の用に供すること（または供する見込みであること）

　f．2024年1月1日以後に建築確認を受ける住宅等は、一定の省エネ基準を満たすこと

なお、譲渡した年の翌年中に買換資産を取得する見込みである場合、買換資産についての取得予定年月日および取得価額の見積額に関する明細書等を添付した「買換え承認申請

第5章

書」を納税地の所轄税務署長に提出し、承認を受けなければならない。

> **【計算例】**
> 以下の居住用財産を譲渡し、買い換えた場合、①買換え特例を適用しない場合と、②買換え特例を適用した場合の、譲渡所得税および住民税の合計額はそれぞれいくらか。
> 〈売却した自宅土地・建物の概要〉
> ・所有期間　　　　　：譲渡した2024年の1月1日時点で約20年
> ・居住期間　　　　　：約20年
> ・譲渡価額　　　　　：8,000万円
> 取得費・譲渡費用　4,000万円（建物部分は減価償却費相当額控除後）
> 〈買い換えた自宅土地・建物の概要〉
> ・購入価額　　　　　：6,000万円
> ・購入時期　　　　　：2024年11月

〈解答〉

①買換え特例を適用しない場合

（8,000万円－4,000万円－3,000万円）×14.21％（所得税10.21％、住民税4％）
＝142万1,000円（所得税102万1,000円、住民税40万円）

②買換え特例を適用した場合

収入金額＝8,000万円－6,000万円＝2,000万円
取得費＋譲渡費用＝4,000万円×（2,000万円÷8,000万円）＝1,000万円
譲渡益＝2,000万円－1,000万円＝1,000万円
税額＝1,000万円×20.315％（所得税15.315％＋住民税5％）
　　　＝203万1,500円（所得税153万1,500円、住民税50万円）

❺ 相続空家の譲渡所得の特別控除（3,000万円特別控除）

（1）内容

　相続人が2027年12月31日までに、相続開始直前において被相続人のみの居住用だった（一定の要件を満たせば、被相続人が老人ホーム等に入所していても可）空家およびその敷地を譲渡した場合には、譲渡益（譲渡収入金額－（取得費＋譲渡費用））から**3,000万円**

（譲渡益が3,000万円に満たない場合はその金額）が特別控除として認められている。なお、相続人がその空家およびその敷地をそれぞれ共有で相続し譲渡した場合、各人ごとに控除できるが、2024年 1 月 1 日以後の譲渡について適用対象となる相続人が 3 人以上のときは2,000万円／人となる。

3,000万円特別控除による課税譲渡所得金額

収入金額－（取得費＋譲渡費用）－3,000万円

（2）適用要件

a．対象となる空家は、1981年 5 月31日以前に建築された家屋（区分所有建物を除く）であること

b．相続の日から、 3 年を経過する日の属する年の12月31日までの譲渡であること

c．譲渡対価の額が 1 億円以下であること（相続人が行った一体としての被相続人の居住用財産の譲渡対価の額を含む）

d．相続時から譲渡時まで、事業用・貸付用・居住用に供されていないこと

e．建物を除却しないで譲渡する場合には、耐震補強をすることにより新耐震基準に適合すること

　　ただし、2024年 1 月 1 日以後の譲渡についてその建物が譲渡のときから翌年 2 月15日までの間に次のいずれかに該当することとなった場合も、本特例が適用できる

・新耐震基準に適合することとなった場合

・その全部を取壊し（もしくは除却）、またはその全部が滅失した場合

f．被相続人が、老人ホーム等に入所をしていたことにより、相続時に自宅に住んでいなかった場合には、次に掲げる要件を満たすこと

・被相続人が介護保険法に規定する要介護認定等を受け、かつ、相続の開始の直前まで老人ホーム等に入所をしていたこと

・被相続人が老人ホーム等に入所をした時から相続の開始の直前まで、その家屋について、家財置き場とするなどその者による一定の使用がなされ、かつ、事業用・貸付用・他者の居住用に供されていないこと

g．「被相続人居住用家屋等確認書」を市区町村に交付申請すること

なお、相続税の取得費加算の特例とはいずれか選択適用となるが、自己の居住用財産の買換えの特例等とは重複適用することができる。

⑥ 低未利用土地等を譲渡した場合の長期譲渡所得の特別控除

(1) 内容

　個人が2025年12月31日までに都市計画区域内にある一定の要件を満たした低未利用地（その上に存する権利を含む）を譲渡した場合に、**長期譲渡所得**の金額から**100万円**（譲渡益が100万円に満たない場合にはその金額）の特別控除が認められている。

(2) 適用要件

　a．譲渡する年の1月1日において所有期間5年超であること。
　b．譲渡対価が500万円（一部区域では800万円）以下であること。
　c．前年または前々年に本特例を受けていないこと。

⑦ 固定資産の交換

(1) 内容

　個人の固定資産の交換については、税法上は譲渡として扱われ、交換譲渡資産をその時価で譲渡し、交換取得資産をその時価で取得したものとされ、交換譲渡資産の譲渡益に課税されるのが原則である。しかし、一定の要件を満たす固定資産の交換については、交換譲渡資産の譲渡益はなかったものとして課税が繰り延べられる。すなわち、同じ種類の固定資産を交換し、かつ、同一の用途に供している場合には、従来の資産をそのまま引き続き使用しているのと変わりがないことから、交換譲渡資産の譲渡益がなかったものとし、課税が繰り延べられる。

　また、交換取得資産と交換譲渡資産のいずれか多い価額の20%以内の時価の差額について、交換差金等を受けたときは、その部分についての譲渡益は課税される。

(2) 適用要件

　この特例の適用を受けるためには、次の要件をすべて満たさなければならない。
　a．交換譲渡資産も交換取得資産も**固定資産**であること

〔図表 5 − 3〕資産の種類と用途の区分

資産の種類	用途の区分	備考
土　　地	①宅地、②田畑、③鉱泉地、④池沼、⑤山林、⑥牧場または原野、⑦その他	借地権、耕作権を含む
建　　物	①居住用、②店舗または事務所用、③工場用、④倉庫用、⑤その他	附属する設備、構築物を含む

　不動産業者が販売のために所有している土地や家屋などの棚卸資産との交換については、この特例の適用は受けられない。

　b. 交換譲渡資産と交換取得資産は次のいずれかの資産であり、それぞれが同種の資産であること
　　・土地、借地権および耕作権
　　・建物、建物附属設備、構築物
　　・機械および装置
　　・船舶
　　・鉱業権（租鉱権および採石権その他土石を採掘または は採取する権利を含む）

　同種の資産とは、たとえば土地と土地、土地と借地権、建物と建物というように、交換譲渡資産と交換取得資産とが、同一区分にあてはまる場合をいう。したがって、土地と建物の交換ではこの特例の適用は受けられない。

　c. 交換譲渡資産は、1年以上所有していたものであること
　d. 交換取得資産は、交換の相手方が1年以上所有していた固定資産であり、かつ、交換の目的のために取得したものでないこと
　e. 交換取得資産は、交換譲渡資産の譲渡直前の用途と同一の用途に使用すること〔図表5−3〕

　たとえば、宅地として使用していた土地を交換譲渡した場合には、取得した土地を宅地として使用するというように、取得資産を同一の用途に使用することをいう。

　f. 交換時の譲渡資産の時価と取得資産の時価との差額が、これら資産の時価のうちいずれか高いほうの時価の20％以内であること

（3）譲渡所得の金額の計算

①　交換差金等がない場合や交換差金を支払った場合
　譲渡がなかったものとして課税されない。

第5章

② 交換差金等を受け取った場合

固定資産の交換の特例による譲渡所得

① 収入金額＝交換差金等＝（交換譲渡資産の時価－交換取得資産の時価）

② 取得費＋譲渡費用＝$\left(\dfrac{交換譲渡}{資産の取得費}+譲渡費用\right) \times \dfrac{①収入金額}{交換取得資産の時価＋交換差金等}$

③ 譲渡所得＝①－②

(4) 留意点

a．この特例では、土地・建物の合計の時価（10）が、相手方の土地・建物の合計の時価（10）と等しい場合でも、土地と土地（6：5）、建物と建物（4：5）とした単位でお互いの時価が等価でない場合には、土地と建物各々の差額（1）については交換差金となり、差金が授受されたものとされる。

b．交換により取得した同種類の2以上の資産の一方を、交換により譲渡した資産と同一の用途に使用しなかった場合には、同じ用途に使用した交換取得資産についてのみ交換の特例が適用され、同じ用途に使用しなかった資産の価額に相当する金額は交換差金となる。

c．1つの資産の一部を交換し、他の部分を売買とした場合には、その売買に係る部分の代金については、交換差金とされる。たとえば、交換に際して、その所有する土地を分筆し、一方を相手方の土地と等価で交換し、もう一方を相手方に譲渡した場合、譲渡した土地の時価は交換差金とされる。

d．この特例は、地域についての制限はなく、交換の相手先についても制限はない。また、**相手方が交換で取得した資産をすぐに譲渡しても、当方は交換で取得した資産を従前の用途と同一の用途に使用していればよく、他の要件を満たせばこの特例が受けられる。**

e．固定資産の交換の場合は、当事者間（親子間等を除く）において合意された資産の時価が、交換に至った事情等に照らし合理的に算定されていると認められるときは、その**合意された資産の時価**によることができる。

(5) 交換取得資産の取得価額と取得時期

交換取得資産の取得日は、交換**譲渡資産の取得時期**がそのまま**引き継がれる。**

また、この特例の適用を受け、譲渡がなかったものとみなされた部分については、交換

譲渡資産の取得費および譲渡費用が交換取得資産の取得価額に引き継がれ、将来、その交換取得資産を譲渡するときまで、課税が繰り延べられる。

例 題

Q:

　以下のそれぞれのケースでは、「固定資産の交換の特例」の適用が受けられるか。

（1）同種の資産との交換

	土　地	建　物	合　計
交換譲渡資産	1,500万円	1,000万円	2,500万円
交換取得資産	1,000万円	1,500万円	2,500万円

（2）同種の資産であるが用途が異なる場合

	宅　地	田　畑	合　計
交換譲渡資産	2,000万円	―	2,000万円
交換取得資産	1,800万円	200万円	2,000万円

A:

（1）交換した資産全体の価額は等価であるが、土地と土地、建物と建物との交換差金500万円は、いずれも高いほうの価額1,500万円の20％（300万円）を超えることとなるので、交換の当事者双方とも、交換の特例の適用は受けられない。

（2）宅地と宅地との差額200万円で田畑を取得しているが、交換譲渡資産の用途が宅地であるから、田畑は翌年3月15日までに宅地として使用しない場合には交換取得資産とはならず、交換差金となる。ただし、この交換差金は、宅地の高いほうの価額2,000万円の20％（400万円）以内であるから、宅地部分については交換の当事者双方が交換の特例の適用を受けることができる。

第5章

❽ 特定の事業用資産の買換えの特例

(1) 内容

　個人が原則として、2026年12月31日（３号買換えは2026年３月31日）までに、特定の事業用資産（農地、工場、工場敷地など）を譲渡し、原則としてその譲渡した年の前年１月１日から譲渡した年の翌年12月31日までの３年間に特定の事業用資産を取得し、取得した日から１年以内に事業の用に供した場合は、買換えの特例の適用を受けることができる（なお、事業用資産を交換で取得した場合も同様）。

　特定の事業用資産の買換えの特例は、譲渡資産の譲渡価額のうち買換資産の取得価額（譲渡資産の譲渡価額を上回るときは、譲渡価額を限度とする）の原則として80％相当分はなかったものとされ、その超過分についてのみ譲渡があったものとして課税される特例である（原則80％課税繰延べ）。

(2) 譲渡所得の計算

特定の事業用資産の買換えの特例による譲渡益

① 収入金額＝譲渡資産の譲渡価額 − 譲渡資産の譲渡価額と買換資産の取得価額の低いほうの金額 × 80%[※]

② 取得費＋譲渡費用＝（譲渡資産の取得費＋譲渡費用）× $\dfrac{①収入金額}{譲渡資産の譲渡価額}$

③ 譲渡益＝①−②

（※）３号買換えにおいて、所定の地域内への買換えは90％・75％・70％・60％いずれかになることがある。

　この特例の適用を受け、その後この買換資産を譲渡したときにおける譲渡所得金額の計算上の買換資産の取得価額は、実際の取得価額ではなく、譲渡資産の取得費と譲渡費用を引き継いで計算する。具体的には次のように求める。

買換資産の取得費

① 譲渡資産の譲渡価額＞買換資産の取得価額の場合

$$\left(\begin{array}{l}譲渡資産\\の取得費\end{array}+譲渡費用\right)\times\dfrac{買換資産の取得価額\times80\%^{（※1）}}{譲渡資産の譲渡価額}+\begin{array}{l}買換資産の\\取得価額\end{array}\times20\%^{（※2）}$$

② 譲渡資産の譲渡価額＝買換資産の取得価額の場合

$$\left(\begin{array}{l}譲渡資産\\の取得費\end{array}+譲渡費用\right)\times80\%^{（※1）}+\begin{array}{l}譲渡資産の\\譲渡価額\end{array}\times20\%^{（※2）}$$

③ 譲渡資産の譲渡価額＜買換資産の取得価額の場合

$$\left(\begin{array}{l}譲渡資産\\の取得費\end{array}+譲渡費用\right)\times80\%^{（※1）}+\begin{array}{l}買換資産の\\取得価額\end{array}-\begin{array}{l}譲渡資産の\\譲渡価額\end{array}\times80\%^{（※1）}$$

（※1） 3号買換えにおいて、所定の地域内への買換えは90％・75％・70％・60％いずれか になることがある。

（※2） 3号買換えにおいて、所定の地域内への買換えは10％・25％・30％・40％いずれか になることがある。

なお、**買換資産の取得日**は、譲渡資産の取得日を**引き継がず**、買換資産の実際の取得の日となる。

(3) 適用要件

a．買換資産の取得期間

原則として、譲渡の日の属する年の**前年1月1日**から、譲渡の年の**翌年末までの3年**間に、買換資産を**取得**すること。

b．買換資産を事業の用に供する期限

買換資産を**取得した日から1年以内に事業の用に供**すること。なお、買換資産をいったん事業の用に供しても、買換資産を取得した日から1年以内に事業の用に供さなくなった場合には、原則として修正申告が必要となる。

c．買換資産および譲渡資産の組合せ

買換資産および譲渡資産は、措法37条1項表各号のうち、同じ組合せの資産に該当するものであること〔**図表5－4**〕。

d．面積制限

買換資産が土地（土地の上に存する権利を含む）の場合、原則として、**譲渡した土地等の面積の5倍以内**の部分について適用される。

e．その他（譲渡資産である土地等の所有期間）

原則として、所有期間が5年以下の土地等は特例の適用対象から除外されるが、2026年3月31日までの譲渡についてはこの規定は適用されない。したがって、租税特別措置法37

〔図表 5 - 4〕「特定の事業用資産の買換えの特例」が認められる主な組合せ（3号）

譲渡資産	買換資産
（土地等、建物、構築物への買換え）(※1) 国内にある土地等、建物または構築物で、個人により取得されたこれらの資産のうち、その譲渡の日の属する年の1月1日において所有期間が10年を超えるもの	国内にある土地等(※2)、建物、構築物

（※1）東京23区内の区域から地域再生法の集中地域以外の地域への本店または主たる事務所の移転を伴う買換えについては、課税の繰延べ割合が90％になる。地域再生法の集中地域以外の地域内から集中地域内への買換えについては、課税の繰延べ割合が75％（東京23区内への買換えは、60％）になる。

（※2）取得する買換資産の土地等の範囲は、事務所等の特定施設の敷地の用に供されるもの（その特定施設に係る事業の遂行上必要な駐車場の用に供されるものを含む）または一定の事情を有する駐車場の用に供されるもので、面積が300㎡以上のもの。

〔図表 5 - 5〕100％繰延べと80％繰延べ

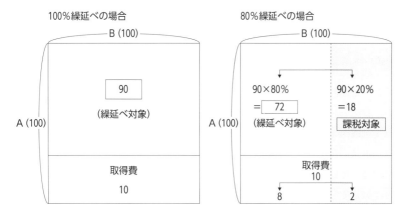

条1項3号の場合（譲渡の年の1月1日において所有期間が10年超）以外は、所有期間の制限はない。

この特例の適用を受ける場合は、他の特別控除や買換え等の特例の適用を重複して受けることができない。

（4）事業用兼居住用財産の譲渡の場合

譲渡する資産が事業用と居住用に併用されている場合には、事業用部分については「特定の事業用資産の買換え・交換の特例」、住宅部分については「居住用財産の譲渡の特例」の中から選択適用することができる。

【計算例】

　Aさんは東京都内にある営業所およびその土地を譲渡し、その譲渡代金により以前より所有する土地にマンションを新築し賃貸を開始した。次の資料に基づくAさんの譲渡益はいくらか。なお、買換えの特例の適用要件はすべて満たしている（圧縮割合80%）。

〈譲渡資産の内容〉

・土地：面積 200㎡
・取得日：1982 年 10 月 1 日
・譲渡日：2024 年 6 月 3 日
・取得費および譲渡費用：1,000 万円
・譲渡価額：1 億円

〈取得資産の内容〉

・建物の取得価額：1 億円
・取得の日：2024 年 12 月 10 日

〈解答〉

・収入金額：1 億円－ 1 億円×80% ＝ 2,000万円

・取得費等：$1,000万円 \times \dfrac{2,000万円}{1 億円} = 200万円$

・譲渡益の計算：2,000万円－200万円＝1,800万円

❾ 既成市街地等内における中高層耐火建築物建設の特例

(1) 内容

　個人が、次の事業が施行される区域内にある土地（遊休地でも適用可）等、建物および構築物を譲渡し、当該事業の施行によりその譲渡した土地等の上に建築された建築物等の全部または一部を取得したときは、一定の要件のもとで買換えの特例が適用される（100%課税繰延べ）。

　この特例の適用により取得した買換資産は、譲渡資産の取得費および譲渡費用を引き継ぐが、取得時期は引き継がない。

第5章

① **立体買換えの特例**

　既成市街地等内およびそれに準じる区域または中心市街地共同住宅供給事業の区域内において、**地上 3 階以上の中高層耐火共同住宅の建築をする事業の用に供すること**

（2）適用要件（立体買換えの特例の場合）

　a．特例の対象となる中高層耐火共同住宅は、譲渡資産を取得した者か、または譲渡資産を譲渡した者が建築した建築物で、次のいずれにも該当するものであること
　　・耐火構造または準耐火構造を有すること
　　・その建築物の延べ面積の **2 分の 1 以上**に相当する部分がもっぱら**居住の用**に供されるものであること（居住用部分に係る廊下、階段などの共用部分を含む）
　b．買換資産は、原則として**譲渡資産を譲渡した年中**または**翌年中**までに**取得**し、かつ、**取得の日から 1 年以内**に譲渡資産を譲渡した者の事業の用もしくは居住の用（譲渡した者の親族の居住の用を含む）に供すること

⑩ 収用等による資産の譲渡の特例

　公共事業の施行などに伴い、土地収用法等の規定に基づく収用等により、個人がその所有する土地建物等について収用等を受けた場合には、次のいずれかの**選択適用**となる。
・代替資産を取得した場合の特例（課税の繰延べ）
・5,000万円の特別控除
　収用等の場合の課税の繰延べの特例は、特定の事業用資産の買換えの特例と異なり、地域的制限や代替土地の面積制限等がないといった特徴がある。

（1）用語の意味

① **収用等**

　収用等とは、土地収用法、都市計画法、都市再開発法等の法律の規定に基づく資産の収用、買取り、換地処分等、権利交換、買収、買入れまたは消滅をいう。この収用等により資産を譲渡した者は、補償金、対価または清算金（補償金等という）を取得する。

② **補償金等の種類と課税上の取扱い**

　資産について収用等をされると、収用等に関してさまざまな名目で補償金が交付される。このうち、収用等の課税の特例が適用されるのは、原則として対価補償金（収用等をさ

れた資産の対価としての性質を有する補償金）であるが、収益補償金や経費補償金が対象となることもある。

(2) 5,000万円の特別控除

　土地建物等が収用された場合（換地処分等に伴い土地等を取得した上で課税の繰延べ措置（買換え特例）を適用した場合）、下記の要件を満たせば、譲渡所得の長期・短期にかかわらず、収用等により譲渡した資産の譲渡益から5,000万円（譲渡益が5,000万円に満たない場合はその金額）を控除することができる。

　　a．収用交換等された資産は、棚卸資産およびそれに準じる資産でないこと
　　b．その年中に収用交換等された資産の全部について、課税の繰延べの特例の適用を受けないこと
　　c．買取り等の申出があった日から**6カ月以内**に譲渡したこと
　　d．同一の収用等に係る事業につき、収用等による譲渡が年をまたいで2年以上の年に分けて行われた場合は、最初の年に譲渡した資産に限られること
　　e．収用等された資産について、事業の施行者から最初に買取りの申出を受けた者が譲渡したものであること
　　f．収用証明書等を添付し、この特例の適用を受ける旨を記載し、譲渡所得が生じる場合は確定申告をしなければならない

　特別控除の計算方法は次のとおりである。

5,000万円の特別控除による課税長期（短期）譲渡所得金額

収入金額－（取得費＋譲渡費用）－5,000万円

(3) 代替資産を取得した場合の特例

① 内容

　個人の有する資産が、公共事業用地として土地収用法等の規定によって収用等された場合に交付される補償金で、収用等があった年の12月31日までに譲渡した資産と同種の資産（代替資産）を取得するか、譲渡の日から**2年以内に代替資産を取得**する**見込み**であるときは、課税の繰延べの特例の適用を受けることができる。

　この特例は、収用等により取得した補償金等の額が代替資産の取得価額以下であるときは譲渡はなかったものとされ課税が繰り延べられる。補償金等の額が代替資産の取得価額を超えるときは、その超える部分について譲渡があったものとして譲渡所得や山林所得と

して課税される。また、補償金の一部で代替資産を取得した場合には、補償金の額から代替資産の取得価額を差し引いた残額のみが課税対象となる（**100％課税繰延べ**）。

この特例の適用により取得した代替資産は、譲渡資産の取得時期、取得費を引き継ぐ。

② 譲渡所得の計算（対価補償金の額が代替資産の取得価額を超える場合）

代替資産を取得した場合の特例による譲渡所得金額

① 収入金額 ＝（対価補償金の額－譲渡費用）－代替資産の取得価額

② 取得費＝収用等による譲渡資産の取得費 $\times \dfrac{\text{①収入金額}}{\text{対価補償金の額－譲渡費用}}$

③ 譲渡所得金額＝①－②

③ 代替資産の取得期間

代替資産は原則として収用等のあった年中または収用等の日から2年を経過する日までに取得することとされている。また、事業認定または買取申出後であれば前年中に取得することも認められている。

⑪ 優良住宅地造成等のために土地を譲渡した場合の軽減税率の特例

譲渡した年の1月1日における所有期間が5年超である土地を2025年12月31日までに収用や国または地方公共団体などに譲渡した場合、譲渡益のうち、2,000万円までの部分の所得税の税率が10％、住民税が4％に軽減される特例がある。

実務上のポイント

- 家屋の所有者とその家屋の敷地の用に供されている土地の所有者が異なる場合で、その家屋の譲渡益が3,000万円に満たないため、3,000万円の特別控除を控除しきれない場合には、両者が同一生計親族であるなど一定の要件に該当する場合に限り、その残額を土地所有者の土地の譲渡益から控除することができる。

- 居住用財産を譲渡した場合の長期譲渡所得の特例（軽減税率の特例）は、特定の居住用財産の買換え特例と併用できない。

- 特定の居住用財産の買換えの特例の適用を受け、その後この買換資産を譲渡したときにおける譲渡所得金額の計算上の買換資産の取得費は、実際の取得価額ではなく、譲渡資産の取得費と譲渡費用を引き継いで計算する。

- 被相続人の居住用財産（空家）の譲渡所得の特別控除において、対象となる家屋は、1981年5月31日以前に建築された家屋（区分所有建物を除く）であることが必要である。

- 特定の事業用資産の買換えの特例は、譲渡資産の譲渡価額のうち買換資産の取得価額（譲渡資産の譲渡価額を上回るときは、譲渡価額を限度とする）の原則として80％相当分はなかったものとされ、その超過分についてのみ譲渡があったものとして課税される特例である（原則80％課税繰延べ）。

- 特定の事業用資産の買換えの特例において、買換資産が土地（土地の上に存する権利を含む）の場合、原則として、譲渡した土地等の面積の5倍以内の部分について適用される。

- 固定資産の交換の特例の適用を受けるためには、交換時の譲渡資産の時価と取得資産の時価との差額が、これらの資産の時価のうちいずれか高いほうの時価の20％以内である必要がある。

- いわゆる立体買換え特例の対象となる建築物は、延べ面積の2分の1以上に相当する部分がもっぱら居住の用に供されるものでなければならない。

- 代替資産を取得した場合の特例では、原則として収用等のあった年中または収用等の日から2年を経過する日までに代替資産を取得することとされている。また、事業認定または買取申出後であれば前年中に取得することも認められている。

Q:

例 題

　甲土地の借地権者であるAさんは、甲土地にある自宅で妻と2人で暮らしている。Aさんは、自宅の建替えを検討していたところ、先日、甲土地の貸主（地主）であるBさんから、甲土地を乙土地と丙土地に分割して、乙土地部分をAさんが取得し、丙土地部分をBさんが取得するように借地権と所有権（底地）を交換したいとの提案を受けた。

　甲土地および交換後の乙土地、丙土地の概要は、以下のとおりである。

〈甲土地の概要〉

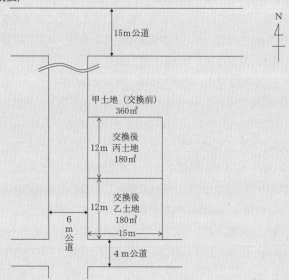

　Aさんが、下記の〈条件〉で借地権と所有権（底地）を交換し、「固定資産の交換の場合の譲渡所得の特例」の適用を受けた場合、次の①～③に答えなさい。〈答〉は100円未満を切り捨てて円単位とすること。

① 課税長期譲渡所得金額はいくらか。

② 課税長期譲渡所得金額に係る所得税および復興特別所得税の合計額はいくらか。

③ 課税長期譲渡所得金額に係る住民税額はいくらか。

〈条件〉

〈交換譲渡資産〉
- 交換譲渡資産 　　　　　　：借地権（旧借地法による借地権）
　　　　　　　　　　　　　　　　※2016年10月に相続（単純承認）により取得
- 交換譲渡資産の取得費 　　：不明
- 交換譲渡資産の時価 　　　：5,000万円（交換時）
- 交換費用（仲介手数料等）：100万円（譲渡と取得の費用区分は不明）

〈交換取得資産〉
- 交換取得資産 　　　　　　：所有権（底地）
- 交換取得資産の時価 　　　：4,500万円（交換時）

〈交換差金〉
- Aさんが B さんから受領した交換差金：500万円

A:

① 課税長期譲渡所得金額
- 譲渡収入金額
　　$50,000,000 円 - 45,000,000 円 = 5,000,000 円$
- 取得費および譲渡費用
　　$(50,000,000 円 × 5\%^{※1} + 1,000,000 円 × 50\%^{※2}) × \dfrac{5,000,000 円}{45,000,000 円 + 5,000,000 円}$

　　$= 300,000 円$
　　※1　取得費が不明のため、概算取得費として「譲渡価額×5％」
　　※2　譲渡と取得の費用区分が不明のため、譲渡費用は交換費用の50％
- 課税長期譲渡所得金額
　　$5,000,000 円 - 300,000 円 = 4,700,000 円$

② 所得税および復興特別所得税の合計額
　　$4,700,000 円 × 15\% = 705,000 円$
　　$705,000 円 × 2.1\% = 14,805 円$
　　$705,000 円 + 14,805 円 = 719,805 円 → 719,800 円$（100円未満切捨て）

③ 住民税額
　　$4,700,000 円 × 5\% = 235,000 円$

　　　　　　　　正解　①4,700,000円　②719,800円　③235,000円

第5章

第3節

譲渡による損失の取扱い

❶ 譲渡による損失と損益通算の可否

　土地建物等の資産を譲渡して生じた損失については、土地建物等の譲渡所得以外の所得との通算ができないのが原則である（ただし、後述する特例の対象となる居住用財産の譲渡損失を除く）。

　2以上の土地建物等を譲渡した場合で、譲渡損失のある資産があるときは、

　ａ．土地建物等の譲渡所得相互間で譲渡損失と譲渡益を内部通算し、

　ｂ．内部通算しきれずになお残った損失は、切り捨てられる

　なお、低額譲渡（法人への譲渡を除く）の場合は、時価によらず実際の譲渡価額を基に譲渡所得を計算することとなり、個人への時価の2分の1未満の対価による譲渡の場合は、損失が生じてもなかったものとして取り扱い、土地建物等の譲渡所得相互間であっても通算できない。

Q: 例　題

　給与所得500万円のサラリーマンが、以前に2,500万円で購入した土地（青空駐車場）を1,000万円で譲渡し譲渡損1,500万円が生じた場合、課税関係はどうなるか。

A:

　土地（青空駐車場）の譲渡で、居住用財産に該当しないため、譲渡損1,500万円は給与所得から差し引くことができない。

　なお、一定の居住用財産の買換え等の場合には、損失通算ができる。

❷ 居住用財産の譲渡損失の損益通算および繰越控除

　次の（1）および（2）の特例の適用対象となる居住用財産の範囲、および適用対象とならない譲渡先の範囲は、居住用財産の譲渡所得の特別控除等と同様である。

(1) 居住用財産の買換え等の場合の譲渡損失の損益通算および繰越控除

　居住用財産の買換え等により譲渡損失が生じたときは、一定の要件のもとで他の所得と損益通算を行い、通算しきれない損失の金額は、翌年以降3年間にわたり繰越控除することができる〔図表5-6〕。なお、住宅借入金等特別控除との併用が認められる。

① 譲渡資産の要件

　a．2025年12月31日までの間に、譲渡年の1月1日における所有期間が5年超の居住用財産を、一定の親族等以外に譲渡すること

〔図表5-6〕居住用財産の買換え等または譲渡により譲渡損失が生じた場合の特例

	居住用財産の買換え等の場合の譲渡損失の損益通算および繰越控除	特定居住用財産の譲渡損失の損益通算および繰越控除
買換え	譲渡年の翌年末までに一定の居住用財産（50㎡以上）を取得し、一定期間内に居住	要件でない（譲渡したのち賃貸住まい、親と同居等）
節税効果期間	損益通算を受ける（譲渡した）年＋翌年以降3年間の繰越控除＝最長4年間	
譲渡資産の所有期間	譲渡した年の1月1日時点で5年超	
所得要件	損益通算……問わない 繰越控除……合計所得金額が3,000万円以下	
借入金要件	買換え資産に係る償還期間10年以上の住宅借入金があること	譲渡前日に譲渡資産に係る償還期間10年以上の住宅借入金があること
損益通算および繰越控除の額	譲渡損失 ただし、500㎡を超える敷地部分相当額の損失は損益通算後の繰越控除では対象外	譲渡損失 （「譲渡資産に係る住宅借入金残額－譲渡価額」を限度）
その他	・住宅借入金等特別控除または認定長期優良住宅の新築等に係る所得税額控除と併用できる ・所得税・住民税に適用でき、青色申告者・白色申告者を問わない ・損益通算する年および繰越控除を受ける年は毎年申告が必要。一定の親族への譲渡には適用できない	

　b．譲渡資産の敷地面積が500㎡を超えるときは、500㎡を超える部分に相当する譲渡損失は繰越控除の対象とならない（損益通算は500㎡を超える部分も対象）

②　買換え資産の要件

　a．譲渡年の前年1月1日から譲渡年の翌年12月31日までに買換資産を取得し、譲渡した年の翌年（譲渡した年の翌年中に取得したものは、翌々年）の12月31日までに居住の用に供すること（または供する見込みであること）

　b．居住の用に供する部分の床面積が**50㎡以上**であること

　c．繰越控除する年分の年末に、**買換資産の取得に係る一定の住宅借入金等**（償還期間が10年以上のもの）の残高があること

③　その他の要件

　a．**繰越控除する年分の合計所得金額が3,000万円以下**であること（損益通算をする年分の合計所得金額は3,000万円超でも可）

　b．繰越控除をしない場合であっても確定申告書を連年提出すること

　c．譲渡の年の前年、前々年に居住用財産の譲渡の特例（3,000万円の特別控除、買換え特例等）を適用していないこと

　d．譲渡の年の前年以前3年以内の年に、他の居住用財産についてこの特例を適用していないこと

　e．譲渡の年もしくは譲渡の年の前年以前3年以内の年に、「特定居住用財産の譲渡損失の損益通算および繰越控除」を適用していないこと

 例　題

　給与所得1,200万円のサラリーマンが、マイホームを譲渡して譲渡損失が5,000万円生じた場合、その譲渡損失はどのように扱われるか（買換え等の場合の譲渡損失の繰越控除制度の適用を受けるものとする）。

A:

```
            （損益通算）
（譲渡した年）1,200万円－5,000万円＝▲3,800万円翌年に繰越し
（2　年　目）1,200万円－3,800万円＝▲2,600万円翌年に繰越し
（3　年　目）1,200万円－2,600万円＝▲1,400万円翌年に繰越し
（4　年　目）1,200万円－1,400万円＝▲200万円→切捨て（翌年に繰り越せない）
```

（2）特定居住用財産の譲渡損失の損益通算および繰越控除

　居住用財産を**譲渡**して**譲渡損失**が**生じた**ときは、一定の要件のもとで他の所得と**損益通算**を行い、通算しきれない損失の金額は、翌年以降**3年間**にわたり**繰越控除**することができる。前記の「居住用財産の買換え等の場合の譲渡損失の損益通算および繰越控除」は、買換え資産を取得しなければ適用が受けられないが、この特例については買換え資産を取得しなくても適用が受けられる。

①　譲渡資産の要件

　a.2025年12月31日までの間に、**譲渡年の1月1日における所有期間5年超**の居住用財産を、一定の親族等以外に譲渡すること。

　b．譲渡契約の前日において**譲渡資産の取得に係る一定の住宅借入金等**（償還期間が10年以上のもの）の残高があること。

②　その他の要件

　a．繰越控除する年分の合計所得金額が**3,000万円以下**であること（損益通算をする年分の合計所得金額は3,000万円超でも可）。

　b．繰越控除をしない場合であっても確定申告書を連年提出すること。

　c．譲渡の年の前年以前3年以内の年に、他の居住用財産についてこの特例を適用していないこと。

　d．譲渡の年もしくは譲渡の年の前年以前3年以内の年に、「居住用財産の買換え等の場合の譲渡損失の損益通算および繰越控除」を適用していないこと。

　なお、損益通算および繰越控除の対象となる譲渡損失の金額は、その譲渡資産の取得に係る**住宅借入金等の金額**（譲渡契約の前日における金額）から**譲渡資産の譲渡対価の額**を控除した残高が限度である。

第5章

【計算例】

　以下の居住用財産を譲渡して損失が発生した場合、①居住用財産の買換え等の場合の譲渡損失の損益通算および繰越控除の対象となる金額、②特定居住用財産の譲渡損失の損益通算および繰越控除の対象となる金額はそれぞれいくらか。

- ・給与所得　　　　　　　　　　：　　600万円
- ・譲渡価額　　　　　　　　　　：　2,000万円
- ・取得費・譲渡費用　　　　　　：　4,000万円
- ・譲渡所得　　　　　　　　　　：▲2,000万円
- ・譲渡資産に係る住宅ローン残高：　2,500万円

〈解答〉

①譲渡所得の損失の金額である2,000万円が損益通算・繰越控除の対象となる

	譲渡年	1年後	2年後	3年後	4年後
給与所得	600万円	600万円	600万円	600万円	600万円
譲渡損失	▲600万円	▲600万円	▲600万円	▲200万円	―
所得	0	0	0	400万円	600万円
残損失	▲1400万円	▲800万円	▲200万円	0	―
通算・控除	損益通算	繰越控除 ————————————————→			
所得要件	問わない	3,000万円以下 ————————————→			

②譲渡損失2,000万円のうち、住宅借入金残高2,500万円－譲渡価額2,000万円＝500万円が損益通算の対象となる

	譲渡年	1年後	2年後	3年後	4年後
給与所得	600万円	600万円	600万円	600万円	600万円
譲渡損失	▲500万円	0	0	0	―
所得	100万円	600万円	600万円	600万円	600万円
残損失	0	0	0	0	―
通算・控除	損益通算	繰越控除はなし————————————→			
所得要件	問わない	3,000万円以下————————————→			

〔図表5 − 7〕居住用財産の譲渡の特例の併用の可否

	住宅借入金等特別控除との併用	認定住宅の新築等に係る所得税額の特別控除との併用
3,000万円特別控除^(※)	×	×
軽減税率（低率分離課税）の特例^(※)	×	×
特定の居住用財産の買換えの特例	×	○
居住用財産の買換え等の場合の譲渡損失の損益通算および繰越控除	○	○
特定居住用財産の譲渡損失の損益通算および繰越控除	○	○

○＝できる　×＝できない（選択適用）
（※）「3,000万円特別控除」と「軽減税率（低率分離課税）の特例」は併用できる。

第5章

実務上のポイント

- 居住用財産の買換え等の場合の譲渡損失の損益通算および繰越控除の適用要件として、繰越控除の適用を受けようとする年の年末において、その買換資産の取得に係る一定の住宅借入金等の残高があることが必要である。
- 居住用財産の買換え等の場合の譲渡損失の損益通算および繰越控除の特例、特定居住用財産の譲渡損失の損益通算および繰越控除の特例と住宅借入金等特別控除は重複して適用できる。
- 特定居住用財産の譲渡損失の損益通算および繰越控除の対象となる譲渡損失の金額は、その譲渡資産の取得に係る住宅借入金等の金額（譲渡契約の前日における金額）から譲渡資産の譲渡対価の額を控除した残高が限度である。

第4節

法人の不動産譲渡と税金

圧縮記帳

　圧縮記帳とは、一定の要件を満たす場合、本来は発生している土地建物等の譲渡益について、まだ実現していないものとみなすため、新たに取得した資産の取得価額を減額して圧縮損を計上し、譲渡益と相殺することにより譲渡益に対する課税を将来に繰り延べる制度である。

　なお、圧縮記帳により、取得資産の取得価額は、圧縮額だけ減少し、その後に、その資産を譲渡したときの譲渡益は、圧縮額だけ増加することになる。また、保有期間中であっても、取得資産が減価償却資産であれば、減価償却費の計算上、圧縮後の帳簿価額に基づくため、圧縮額に見合う減価償却費が少なくなる。

(1) 圧縮記帳の種類

　法人税法などで、圧縮記帳が認められる主なものは以下のとおりである。
　a．国庫補助金等で取得した固定資産
　b．工事負担金等で取得した固定資産
　c．保険金等で取得した固定資産
　d．交換により取得した固定資産
　e．収用等に伴い代替資産として取得した固定資産
　f．特定の資産の買換え（交換）により取得した固定資産

(2) 特定の資産の買換えの場合の圧縮記帳

　法人が、特定の資産（事務所、店舗、工場およびこれらの敷地）を譲渡し、その対価により、原則として、その譲渡日を含む事業年度に特定の資産を取得し、**取得後1年以内に**事業の用に供したときまたは供する見込みであるときは、その取得した資産について圧縮

記帳すれば、圧縮限度額までの金額を損金算入することが認められる。

圧縮限度額は次の算式により計算する。

圧縮限度額＝圧縮基礎取得価額[※1]×差益割合[※2]×80%[※3]

（※1）　圧縮基礎取得価額とは、買換資産の取得価額と譲渡資産の譲渡対価のうち、いずれか少ないほうの金額をいう。

（※2）　差益割合は次の算式により計算する。

$$差益割合＝\frac{譲渡資産の譲渡価額－（譲渡資産の帳簿価額＋譲渡経費）}{譲渡資産の譲渡価額}$$

（※3）　一部、90%・75%・70%・60%いずれかになることがある。

なお、買換え資産を翌期以後に取得する予定の場合は、圧縮限度額までの金額について特別勘定として経理した場合に限り、その繰入金額を損金算入することが認められる。

翌期以後に買換資産を取得したときは、特別勘定を取り崩して益金に算入する一方、前期買換え資産の圧縮記帳による損金算入が認められる。これにより、特別勘定の益金算入と圧縮記帳による損金算入を通算することにより税負担を軽減することができる。

なお、取得指定期間が経過したときは、特別勘定に残っている金額は取り崩し、益金の額に算入しなければならない。

第5章

【計算例】

E社は当期（2024年4月1日〜2025年3月31日）中にリストラの一環として東京都内の工場跡地を譲渡し、以前より所有する土地に新工場を建設した。特定の資産の買換えの圧縮記帳の適用要件はすべて満たしている（圧縮割合80%）。圧縮限度額と新工場の税務上の取得価額はいくらになるか。

〈譲渡した土地〉

・譲渡年月日：2024年5月20日（所有期間15年）

・譲渡金額：2億円

・譲渡経費：800万円

・帳簿価額：1,200万円

〈建築した工場〉

・取得年月日：2024年12月20日（予定）

・取得価額：1億8,000万円

〈解答〉

圧縮限度額の計算は次の算式による。

・圧縮限度額＝買換資産の取得価額と
譲渡資産の譲渡価額と×差益割合×圧縮割合
のいずれか少ない金額

$$\cdot 差益割合＝\frac{譲渡資産の譲渡価額－\left(\substack{譲渡資産の\\譲渡直前の\\帳簿価額}＋\substack{譲渡に要した\\経費}\right)}{譲渡資産の譲渡価額}$$

したがって、圧縮限度額は以下のようになる。

$$\cdot 差益割合：\frac{2億円－(1,200万円＋800万円)}{2億円}＝0.9$$

・圧縮限度額：1億8,000万円×0.9×0.8＝1億2,960万円

新工場の税務上の取得価額は次のとおり。

1億8,000万円－1億2,960万円＝5,040万円

(3) 特定の資産の交換の場合の圧縮記帳

　法人が一定の組合せに該当する資産の交換を行う場合も、交換譲渡資産は交換した日の時価相当額で譲渡したものとみなし、交換取得資産は交換した日の時価相当額で取得したものとみなして、（2）特定の資産の買換えの場合の圧縮記帳が適用される。

(4) 固定資産の交換により取得した資産の圧縮記帳

　法人の固定資産の交換については、税法上は譲渡として扱われ、交換譲渡資産をその時価で譲渡し、交換取得資産をその時価で取得したものとされ、交換譲渡資産の譲渡益に課税されるのが原則である。しかし、一定の要件を満たす固定資産の交換については、交換譲渡資産の譲渡益を限度として圧縮記帳が認められる。

　すなわち、同じ種類の固定資産を交換し、かつ、同一の用途に供している場合には、従来の資産をそのまま引き続き使用しているのと変わりがないことから、交換譲渡資産の譲渡益を限度（圧縮限度額）として圧縮記帳が認められる。なお、適用要件は個人の場合と同じである（本章第2節7参照）。

　また、交換取得資産と交換譲渡資産のいずれか多いほうの価額の20％以内の時価の差額について、交換差金等を受けたときは、その部分について圧縮記帳はできない。

　圧縮限度額は、交換の形態により次のように計算される。

① 交換差金等がない場合

　圧縮限度額＝交換取得資産の時価−（交換譲渡資産の帳簿価額＋譲渡経費）

② 交換差金等を受け取った場合

$$圧縮限度額＝\left(\begin{matrix}交換取得資\\産の時価\end{matrix}\right)−\left(\begin{matrix}交換譲渡資産\\の帳簿価額\end{matrix}＋\begin{matrix}譲渡\\経費\end{matrix}\right)×\frac{交換取得資産の時価}{交換取得資産の時価＋交換差金等の額}$$

③ 交換差金等を支払った場合

$$圧縮限度額＝\left(\begin{matrix}交換取得資\\産の時価\end{matrix}\right)−\left(\begin{matrix}交換譲渡資産\\の帳簿価額\end{matrix}＋譲渡経費＋\begin{matrix}交換差金\\等の額\end{matrix}\right)$$

第5章

実務上のポイント

・法人が一定の土地の買換えや交換等をした場合には、圧縮記帳の適用があり、圧縮損を計上し、譲渡益と相殺することにより譲渡益に対する課税を将来に繰り延べることができる。

第 6 章
不動産の有効活用

第1節

有効活用の実務

① 事業収支計画の作成

　不動産の有効活用を行うにあたっては、事業の収支計画・損益計画を作成する必要がある。〔図表 6 − 1 〕は収支計画表の例である。事業収支としては、キャッシュフローベースを基にする**資金収支**と、税務上の利益を計算する**損益収支**とを区別して把握する必要がある〔図表 6 − 2 〕。

　通常は税務上の利益である「税引前利益」を先に求め、それから資金収支の「剰余金」を求めることが多い。厳密には、前者は発生主義・実現主義で、後者は現金主義で計算するので、すべての収支項目の金額が一致するわけではないが、未収・未払い、保証金償却などの特別な扱いを除けば、おおむね次のような計算で剰余金（税引前）を求めることができる。

剰余金
税引前利益＋減価償却費−返済元金

　個人は実収入を重視する傾向が強いことから、キャッシュフローに対する関心が高く、法人は税務上の損益を重視する場合が多い。

　事業の収入は、賃料等、もっぱら賃借人から受け入れるものであり、支出はメンテナンスに必要な経費、固定資産税などの租税公課、借入金の返済元金と利子等である。

〔図表6－1〕収支計画表

項目			年	1	2	3
損益計算書	収入	賃 料 収 入	①			
		駐 車 場 収 入	②			
		管 理 費 ・ 共 益 費	③			
		権 利 金 ・ 礼 金	④			
		そ の 他 収 入	⑤			
		収 入 合 計 （A）	①〜⑤			
	支出費用	固定資産税・都市計画税 土 地	⑥			
		固定資産税・都市計画税 建 物	⑦			
		損 害 保 険 料	⑧			
		維 持 管 理 費	⑨			
		修 繕 費	⑩			
		地 代	⑪			
		借入金利子 （借入金1）	⑫			
		借入金利子 （借入金2）	⑬			
		小 計 （B）	⑥〜⑬			
		償 却 前 利 益	A－B			
	費用	減価償却費（C） （建 物）				
		減価償却費（C） （設 備）				
		償 却 後 利 益	A－B－C			
	税金(所得税・法人税・住民税等)（D）					
	税 引 後 利 益		A-B-C-D			
資金計算書	収入	収 入 合 計 （A）				
	支出	支 出 費 用 合 計 （B）				
		借入金元金（E） （借入金1）				
		借入金元金（E） （借入金2）				
		支 出 合 計 （F）	B＋E			
	税 引 前 剰 余 金		A－F			
	税 金 （D）					
	税 引 後 剰 余 金		A－F－D			
	剰 余 金 累 計					
	借 入 金 残 高					

第6章

〔図表6-2〕資金収支と損益収支

① 資金収支（＝キャッシュフロー）

資金収入（＝収益）		資金支出			
賃料 更新料 共益費 敷金・保証金の運用益 駐車場料金 その他　　　　等	－	管理委託費 維持修繕費 損害保険料 土地租税公課 建物租税公課 支払利子 その他経費 返済元金 ^(※)	＝	税引前剰余金	

（※）借入金の返済元金は、税務上の必要経費としては認められないが、実際には支出はあるので控除する。ただし、減価償却費は、実際の支出はないため控除しない。

② 損益収支（＝税務上の利益）

総収入（＝益金）		必要経費（損金）			
賃料 更新料 共益費 敷金・保証金の運用益 駐車場料金 その他　　　　等	－	管理委託費 維持修繕費 損害保険料 土地租税公課 建物租税公課 支払利子 その他経費 減価償却費 ^(※)	＝	税引前利益	

（※）減価償却費は、支出はしないが税法上必要経費として認められるので控除する。ただし、借入金の返済元金は、必要経費として認められないため控除しない。

❷ 資金計画

　資金計画〔図表6-3〕は、賃貸事業を始めるのに必要な建物建築資金およびそれに付随する資金（所要資金）と、これらの資金をどのように調達するかを示す資金調達から構成されている。

〔図表6－3〕資金計画表

	項　　目	計　算　式	金　額
事業所要資金	土地代	㎡単価×面積	
	土地取得経費		
	登録免許税（土地）	固定資産税評価額×税率	
	不動産取得税（土地）	〃	
	固定資産税・都市計画税（土地）	〃	
	地代（借地の場合）	㎡単価×面積	
	工事費	㎡単価×延べ床面積	
	既存建物解体費	〃	
	設計監理費・企画料	建築費×料率	
	登録免許税（建物）	固定資産税評価額（概算）×税率	
	不動産取得税（建物）	〃	
	近隣対策費		
	その他費用・予備費		
	建設期間中利息		
	所要資金合計		

事業資金調達	自己資金		
	保証金	㎡単価×専有床面積×稼働率	
	敷金	〃	
	借入金①		
	借入金②		
	調達資金合計		

（※）税金については、それぞれのケースで適用できる特例等を考慮する。

❸ 賃貸管理

(1) テナントの募集

　賃貸経営において、**テナントの募集**、賃料の徴収、入退室の管理などの賃貸管理は欠かせない。実務経験のない土地所有者にとっては、信頼できる専門業者に業務委託すること

〔図表6－4〕 管理業務の分類

大分類	小分類	具体的業務
賃貸管理業務 （ソフト面）	テナント営業	募集、選定、契約締結など
	テナント管理	賃料の徴収、入退室の管理など
建物維持管理業務 （ハード面）	設備管理業務	保守点検など
	清掃管理業務	共用部分、受水槽などの清掃
	修繕業務	日常修繕、長期修繕計画

も検討に値する。また、テナントの募集業務だけを仲介業者に委託するケースも多い。一般的に、テナント募集の業務フローは、（イ）賃貸条件の設定、（ロ）テナントの募集、（ハ）入居申込み・審査、（ニ）契約締結・引渡しとなる。

(2) 賃貸物件の管理

　賃貸物件の管理業務は、ソフト面の賃貸管理業務とハード面の建物維持管理業務に大別できる。それぞれの具体的業務の内容は、〔図表6－4〕のとおりである。
　なお、通常、建物維持管理業務については、技術的な面からも、管理業者に委託する場合が多い。

(3) 不動産管理会社

　他者の所有する不動産の管理業務を受託する会社を**不動産管理会社**という。建物維持管理業務を主業務とする管理会社のほか、賃貸管理も含めた管理全般を受託する会社もある。一般的傾向として、賃貸経営者の高年齢化が進むにつれ、このような管理会社へ業務を委託するケースが増えており、管理の重要性が認識されている。このような不動産管理会社は、その業務内容によりいくつかに分類される。

① **賃貸管理業務を行う不動産管理会社（委託管理方式）**

　　不動産管理会社が賃借人の募集、入退去の手続、滞納家賃の督促、日常清掃等のメンテナンス等を行い、その業務報酬を賃貸物件所有者（＝賃貸人）より受け取る形態である。

② **一括借受け（サブリース）を行う不動産管理会社（転貸借方式）**

　　転貸借方式では、賃貸物件所有者（＝賃貸人）は賃貸物件を不動産管理会社に一括して賃貸し、不動産管理会社はこの賃貸物件を賃借人へ転貸する形態をとる。不動産管理会社は賃貸人へ空室リスク等を考慮した賃料（一括借受け賃料）を支払うことにより、そこに差額家賃が発生し、これが一括借受けによる不動産管理会社の利益となる。この

場合、市場賃料と一括賃料の見積りを誤ると逆ザヤとなり経営が圧迫される。

　賃貸人にとって転貸借方式は、収入が安定するところに最大のメリットがあるといえる。

③　**建物維持管理業務を行う管理会社**

　不動産管理会社が建物維持管理業務を行う。賃貸物件における消耗品や備品を不動産管理会社を通して購入したり、原状回復、リフォーム等の修繕業務、長期修繕業務などを不動産管理会社を通して発注する。

　不動産管理会社は卸売業者に対する物品の選択や購入、修理業者に対する修繕の発注、管理、工事費の調整等を行い、そこから報酬を得る。

第6章

実務上のポイント

・減価償却費は、実際の支出はないので収支の計算上は控除しないが、所得の計算上は必要経費になるため控除する。一方、借入金の元本返済は収支の計算上は控除するが、所得の計算上は必要経費として認められないため控除しない。

・一括借受け（サブリース）を行う転貸借方式では、不動産管理会社は賃貸人へ空室リスク等を考慮した賃料を支払う。

例題

Q: ⋯⋯⋯⋯⋯⋯⋯⋯⋯⋯⋯⋯⋯⋯⋯⋯⋯⋯⋯⋯⋯⋯⋯⋯⋯⋯⋯⋯⋯⋯⋯⋯⋯⋯⋯

　下記の条件に基づき、Aさんのアパート経営による事業計画を策定するうえで必要となる次の①、②をそれぞれ求めなさい。なお、初年度の事業計画から1年を12カ月として検証することとする。
　　①　初年度の不動産所得の金額はいくらになるか。
　　②　初年度のキャッシュフロー（現金収支）に基づく税引前の現金収支の金額はいくらになるか。
〈事業計画の概要〉
　・土地面積　350㎡
　・建築予定建物
　　構造・規模　木骨モルタル造2階建て
　　延べ面積　420㎡
　　用途　アパート
　　戸数　8戸（入居率100%）
　・総建設費　5,000万円（全額借入れ）
　　※借入期間20年、借入金利3.5%の元利均等返済により毎月末29万円を返済。
　　　返済額（年額）のうち元金返済額分は176万円。
　・初年度事業収支計画
　　賃料収入　　アパート1戸当たり月額8万円×12カ月
　　公租公課　　年額41万円
　　管理費用等　年額61万円
　　火災保険料　年額5万円
　　減価償却費　年額250万円

A: ⋯⋯⋯⋯⋯⋯⋯⋯⋯⋯⋯⋯⋯⋯⋯⋯⋯⋯⋯⋯⋯⋯⋯⋯⋯⋯⋯⋯⋯⋯⋯⋯⋯⋯⋯

① 不動産所得
　収入金額　8戸×8万円×12カ月＝768万円
　必要経費　41万円＋61万円＋5万円＋（29万円×12カ月－176万円）＋250万円
　　　　　　　　　公租公課　　管理費用等　火災保険料　　　　　借入金利息　　　　　減価償却費
　　　　　　＝529万円

　不動産所得　768万円－529万円＝239万円
② 税引前の現金収支
　239万円＋250万円－176万円＝313万円
　不動産所得　減価償却費　元金返済額

有効活用の手法

1 自己建設方式

（1）自己建設方式の仕組み

　自己建設方式とは、対象になる土地について、その有効活用に係る調査・企画から、所要資金の調達、建築設計の発注、建設工事の発注、建物の管理・運営等、いっさいの作業・事務を自分で行う賃貸事業運営の方式である〔図表6－5〕。

〔図表6－5〕自己建設方式の仕組み

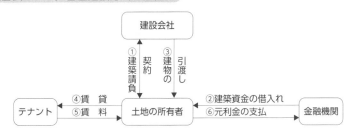

　自己建設方式は、土地の有効活用事業全体を自らの手で行うため、一連の業務を負担し、的確に処理していくだけの自己能力が問われることになる。不動産賃貸事業には、その事業執行の各段階において専門的な知識やノウハウが必要とされる点に留意すべきである。

　基本的には、小規模な賃貸マンション・オフィス事業や、テナントの数が少ない賃貸店舗など、建物規模、事業規模が小さく、借家人の数も少ないものなど、自己の力量で事業運営を十分コントロールできる範囲にとどめるべきである。また、テナント募集などの賃貸借の仲介業務や、建物の清掃、点検などの物理的なメンテナンス業務などについては、専任の担当者を雇い入れるよりも、効率化の観点からアウトソーシングすることも検討に値する。

第6章

(2) 自己建設方式の効果

自己建設方式のメリットとしては以下の点が挙げられる。

a．賃貸事業運用から得られる収益のすべてが享受できる（ただし、業務のアウトソーシング等に伴う支出は生ずる）

b．事業の企画・調査等の初期段階から、テナントとの契約管理や建物のメンテナンスといった運営管理段階まで、一連の業務に携わることで、不動産賃貸事業に係るノウハウを蓄積できる

c．建設資金を借り入れた場合、万一の相続時にも借入残高相当額がマイナス財産として遺産総額から債務控除される

d．借入金に対する利子は賃貸事業において必要経費として計上できる

e．建物部分については、等価交換方式とは異なり、建築に要した費用に応じた**減価償却費**を所得計算上、必要経費として計上できる

f．相続発生時には、その建物を、**貸家**として評価でき、通常の建物の固定資産税評価額から「借家権割合（30％）×賃貸割合」相当額を下げることができる

g．相続発生時には、その土地を、**貸家建付地**として評価でき、相続時の評価を通常の自用地評価に比べ20％前後（借地権割合×借家権割合×賃貸割合）引き下げることができる

h．「小規模宅地等の評価減の特例（貸付事業用宅地等）」の要件を満たせば、200㎡までの部分については、貸家建付地としての相続評価額から評価を50％引き下げることができる

i．土地信託方式のように土地建物名義を受託者名義に移す必要がない

❷ 事業受託方式

(1) 事業受託方式の仕組み

事業受託方式は、その土地の立地調査、法的規制の調査、マーケティング、事業形態の決定、事業の収益性の検証、近隣問題の解決、建設会社の選定、施工、監理、事業化の過程での法的チェック、さらには所要資金調達の調整等のいっさいの業務をデベロッパーが請け負う方式である。土地・建物所有者の希望によっては、デベロッパーが完成後の建物

〔図表6－6〕事業受託方式の仕組み

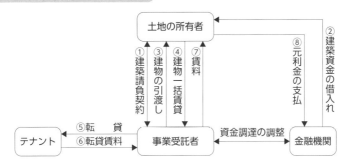

のトータルな管理・運営を行う。

　すなわち、デベロッパーがテナント募集、賃貸契約手続、賃料の徴収、苦情処理、契約更新、解約手続、敷金・保証金の精算等の業務を引き受ける。地主としては、管理・運営の面倒もなくなる〔図表6－6〕。

　ただし、建物建築資金の調達は土地所有者が自ら行うため、借入金の返済義務は土地所有者が負う。

(2) 事業受託方式の効果

　事業受託方式の地主側のメリットとしては、自己建設方式のメリットのc．～i．のほかに、事業受託者が一括借上げし、それをテナントへ転貸することにより収益を安定化できる、ということが挙げられる。

❸ 土地信託方式

(1) 土地信託方式の仕組み

　信託法に定められた「信託」という制度を利用して、信託銀行等の受託者が土地所有者に代わって、土地の有効活用をできるように考えられたのが土地信託方式である。

　具体的には、土地の有効活用によって収益を上げる目的で、土地所有者（委託者）がその土地を信託銀行等（受託者）に信託し、受託者が信託契約の定めに従って建築資金の調達から建物の建築、テナントの募集・賃貸、建物の維持・管理等、あるいは分譲等を行い、

〔図表6-7〕賃貸型土地信託の仕組みと流れ

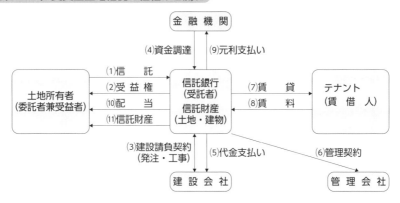

その運用等の成果を土地所有者（委託者兼受益者）に信託配当として交付するというものである。信託業法では、受託者が直接、損失の補填や利益の補足をすることが禁止されているので、信託配当は運用等の実績による。

なお、信託銀行以外の信託会社も土地信託を受託できるが、近年は有効活用のための土地信託の新たな受託はほとんどない。

(2) 土地信託方式の効果

信託契約期間中は、信託銀行等の受託者の名義で事業が行われるが、信託期間が終了すると土地建物の名義は受益者（＝土地所有者）に戻される。また、税務上も、信託財産に属する資産・負債は受益者が有するものとし、かつ、その信託財産に帰せられる収益および費用は受益者の収益・費用とみなされるので、実質的には事業受託方式と同様に土地保有型の有効活用方式と考えられている。

❹ 等価交換方式

(1) 等価交換方式の仕組み

等価交換方式とは、土地所有者等（借地権者を含む。以下同じ）と事業者（デベロッパー）とが共同してマンションやビル等を建設する方式である。具体的には、土地所有者等

の提供する土地の評価額とデベロッパーが資本投下する建設費との合計額を**総事業費**とし、その出資の割合で、竣工した建物の一部（区分所有権）とその敷地の共有持分を取得する一種の共同事業である。つまり、土地所有者等は、土地の一部または全部を処分して、建物等に買い換えるため、**新規に事業資金を調達する必要はなく、リスクが少ない事業**であり、**採算性**はきわめてよい。等価交換方式により、土地所有者等はその土地の有効活用についての開発ノウハウをなんら持っていなくても、効率的にビルやマンション等の建設が可能になる。

　一般にマンションやビル等の建設には、都市計画法、建築基準法等各種の法令上の規制を受けるほか、各市町村の開発指導要綱に基づく制限等があり、また、その土地の状況によっては借地権者、借家権者との調整等の業務を要するが、これらの業務は共同事業者であるデベロッパーが代行するので、土地所有者は煩雑な業務を任せられるメリットがある。加えて、土地所有者はその保有する土地を提供さえすれば、その他の業務のほとんどをデベロッパーが行うため、借入金を抱えずに収益性の高いビルやマンションの区分所有権と土地の共有持分を取得できる。

　この事業方式においては**部分譲渡方式**と**全部譲渡方式**がある。部分譲渡方式は、取得する建物の対価に相当する土地の持分を譲渡する方式で、建物だけが新規取得となるのに対し、全部譲渡方式はいったん土地全部を譲渡し、出資割合に応じた土地持分付き建物を取得することとなる。

　登記手続など全部譲渡方式のほうが部分譲渡方式より煩雑なので、一般に**部分譲渡方式**を用いるが、複数の地権者が参加する等価交換では全部譲渡方式を用いることが多い。

(2) 土地所有者等が取得する建物の床面積

　等価交換方式に参加した土地所有者等（借地権者を含む）が等価交換により取得する建物の床面積を求める方法には、原価積上方式と市場性比較方式の2種類ある。**原価積上方式**は、土地評価額と建設費を合計した総事業費のうち、土地評価額の割合に応じた床面積を土地所有者等に還元する方法である。

　一方、**市場性比較方式**とは、デベロッパーが事業計画上、最低限確保したい粗利益率や販売可能単価を基に、デベロッパーが必要とする床面積を計算・取得し、残りの床面積を土地所有者等に還元する方法である。

第6章

Q: ━━━━━━━━━━━ 例　題 ━━━━━━━━━━━

以下の条件に基づき、原価積上方式および市場性比較方式により土地所有者が
取得する専有部分の床面積はいくらか。

建物全体の専有部分の床面積	2,000㎡
土地の評価額	4億円
デベロッパーの建設費用	6億円
デベロッパーの必要販売額	建設費÷（1−粗利益20%）
デベロッパーの必要専有面積	必要販売額÷販売可能単価
	62万5,000円／㎡

A: ━━━

（1）原価積上方式により土地所有者が取得する専有部分の床面積

$$2,000㎡ \times \frac{4億円}{4億円＋6億円} ＝800㎡$$

（2）市場性比較方式により土地所有者が取得する専有部分の床面積

デベロッパーの必要販売額＝6億円÷（1−20%）
　　　　　　　　　　　　＝7億5,000万円
デベロッパーの必要専有面積＝7億5,000万円÷62万5,000円／㎡＝1,200㎡
土地所有者の取得する専有部分の床面積＝2,000㎡−1,200㎡＝800㎡

（3）等価交換方式の効果

等価交換方式のメリットとしては、以下のような要素が挙げられる。

a．自己資金・借入資金のいずれをも使わず、効率的で高収益な建物を取得できる

b．土地の一部持分譲渡に伴う譲渡所得税については、等価交換に係る買換え等の特例
を適用することによって課税の繰延べが可能である

c．デベロッパーに取得建物の管理、運営を委託できる

d．相続発生時にはその建物を、**貸家**として評価でき、自用の建物の固定資産税評価額
から「借家権割合（30%）×賃貸割合」相当額を下げることができる

e．相続発生時には、その土地を**貸家建付地**として評価でき、自用地評価額から通常
20%前後（借地権割合×借家権割合×賃貸割合）下げることができる

f．「小規模宅地等の評価減の特例（貸付事業用宅地等）」の要件を満たせば、200㎡までの部分については、貸家建付地としての相続評価額から評価を50％引き下げることができる場合がある

g．一部現金授受を伴う等価交換も可能なので、抵当権抹消のための借入金の一括返済、借家人の立退料等も支払うことができる

（4）等価交換方式で利用される課税の特例

等価交換方式で利用される課税の特例はいくつかあるが、それぞれ適用要件が異なるので、事業の条件に合致した最適な特例を選択することが重要である（第5章第2節8．「特定の事業用資産の買換えの特例」、9．「既成市街地等内における中高層耐火建築物建設の特例」参照）。

❺ 定期借地権方式

（1）定期借地権方式の仕組み

定期借地権は、土地利用の多様化に伴い、1992年に借地借家法が施行されたことにより創設され、幅広く活用されている。

定期借地権には、一般定期借地権、事業用定期借地権等、建物譲渡特約付借地権の3種類に大別される。これら定期借地権の活用を検討するには、それぞれの借地権の特徴を理解しておく必要がある（設定要件等は第2章第3節参照）。

第6章

（2）定期借地権方式の効果

定期借地権方式は、土地を当初に取り決めた一定期間貸し付けて収益を上げる方式であり、主として以下のようなニーズを持つ土地所有者に適しているといえる。

a．当面利用する予定のない土地がある

b．土地を手放したくない

c．有効活用のために借金をしたり、事業リスクを負いたくない

d．土地活用の開発ノウハウがない

e．自分で事業をするのは煩わしい

f．固定資産税など土地保有コストの負担が重い

〔図表6－8〕定期借地権と建物の用途

	一般定期借地権	事業用定期借地権等	建物譲渡特約付借地権
自己(自社)使用か貸家か	地主が所有地に貸家を建設するのに比べ、一時金や地代を支払いつつ貸家を建設するのはコストが高い。したがって、自己（自社）使用が一般的である。	事業者が、自己（自社）店舗等を建設する目的での借地が多く、貸家目的での借地は少ない（そもそも賃貸住宅は不可）。	30年以上経過後に、地主が建物を買い取った後は賃貸することが多く、貸家の建設にも対応しやすい。
建物の用途例	戸建住宅、公共住宅、マンション（賃貸・分譲いずれも可）、アパート、オフィスビル、店舗、倉庫、工場、ホテル、病院など。	郊外型店舗（スーパー、ディスカウントストア、日曜大工用品店、ファミリーレストランなど）、日用品店舗（コンビニエンスストア、飲食店）、事務所、倉庫、大規模商業施設など。	オフィスビル、マンション、ホテル、商業ビルなど（建物買取り後を考えると特殊な用途のものは適さない）。

g．初年度から安定収益を得たい

(3) 定期借地権方式の検討

① 借地期間

土地所有者の将来の当該土地を利用する予定または可能性に加えて、当該土地の周辺地域の将来性、都市としての成熟度の見通し等を勘案して借地期間を考えることが重要である。

② 建物の用途

一般定期借地権と建物譲渡特約付借地権では、特に建物の用途について制限していないことから、多様な用途の建物を建てることができる。したがって、土地の立地条件等から判断して、最も需要と収益性が期待できるような用途を検討することが必要であり〔図表6－8〕、定期借地権の種類に応じて次の配慮が必要になる。

a．一般定期借地権

一般定期借地権は、期間が最も長いため耐用年数の長い堅固な建物でも可能であるが、耐用年数の短いものでも存続期間内で建て替えていくことができる。用途は、居住用等長期安定的な利用に向く。

b．事業用定期借地権等

事業用定期借地権等は、その借地上に建てられる建物を事業の用に供するものに限定しているため、賃貸であっても住宅用建築物を建てることはできない。また、存続期間が10年以上30年未満の事業用借地権（短期型）と、30年以上50年未満の事業用定期借地

権（長期型）があるため、借地人側から考えれば、簡易な構造の郊外型店舗から堅固な構造の大規模商業施設まで、借地権の種類を選択して利用することができる。

c．建物譲渡特約付借地権

建物譲渡特約付借地権の建物は、将来地主が建物を買い取ることが前提のため、特殊な用途のものには適さず、自己運営も可能な賃貸用の堅固構造の建物などに適している。

③ 収益性

借地権設定の対価として、権利金の授受はまれで、保証金と地代収入から成り立っているものが多い。これらの収入金額は、土地利用による収益性や需給関係などの経済合理性を最大の要素として決定されるが、一般的には借地期間が短ければ短いほど、保証金で支払われる部分が少なくなり、逆に地代で支払われる部分が多くなる傾向がある。

④ 登記

債権である賃借権を登記するには土地所有者の協力が必要であるが、従来、地主が登記を好まなかったため、賃借権はほとんど登記されていなかった。そのため賃借人は、借地上に建てた建物の登記をもって賃借権を第三者に対抗していた。

しかし、定期借地権の場合は将来消滅する借地権であることを公示することが地主のメリットになる。したがって、定期借地権を設定した場合、土地所有者は積極的に登記を行い、自分の土地に設定された賃借権が定期借地権であることを明確にしておくことが望ましい。

---

❻ 建設協力金方式

第6章

（1） 建設協力金方式の仕組み

建設協力金方式は、建物（物販・飲食・サービスなどの商業用店舗）に入居するテナントから、建物の建築費相当額の全部または一部（大半でないとメリットが薄い）を借り受けて、そのテナントが要求する建物を建てて賃貸する方式である〔図表6－9〕。

建設協力金方式は、主に郊外レストラン、ディスカウントショップや量販店をキーテナントとして土地を有効活用する場合に利用されている。

これらのテナントは、自前の出店計画をもち、出店希望地域について店舗開発部門が土地を選定しており、直接土地所有者に対して接触してくることも多い。その際、土地所有者側の建築資金を建設協力金として融資することで、資金調達の手間を省き、一般的に銀

〔図表6－9〕建設協力金方式の仕組み

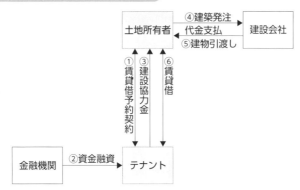

行融資に比べて低利の条件で、金利コスト面でのメリットを提供することにより、店舗用地の確保を狙うことになる。

　建設協力金の融資と引換えに、テナント側は自らの希望にかなう独自性の強い仕様と規模をもった店舗建物の建設を土地所有者側に要求する。土地所有者側は、建設協力金の金額、融資条件と賃料等の賃貸借契約の内容を包括的に検討して、事業化の可否を判断することになる〔図表6－9〕。

　建設協力金方式の流れは、以下のとおりになる。

　a．土地所有者とテナントの間で、建設予定の建物の計画、賃貸事業の資金計画および収支計画について合意し、賃貸借の予約契約を締結する

　b．テナントは、建設協力金として必要になる資金の手当てを行う。土地所有者はテナントから建設協力金の融資を受ける

　c．建設協力金は、土地所有者が建設会社に支払う工事代金の支払時期に応じて、テナントから必要になる額が融資されるのが通例である

　d．土地所有者は受け入れた建設協力金を基に、工事請負契約に基づいて工事代金を建設会社に支払う

　e．土地所有者は竣工した建物の引渡しを受けて、これをテナントに賃貸する。竣工時に、最終的な賃貸面積が確定するので、そこで正式に賃貸借契約を締結する

(2) 建設協力金方式の効果

　建設協力金方式のメリットとしては、以下の点が挙げられる。

　a．テナントのノウハウを利用して、有効活用の事業計画を立案させることができ、建

設前にテナントが確保できることから、計画の安全性が高い

b．建設資金の調達について銀行などと折衝する必要がなく、計画の実現性が高い

c．各種の事業化に必要な作業をテナント側が主導権をもって実行するため、手間がかからない

d．出店希望が強い場合は、経済的に好条件を引き出せる余地がある

e．土地所有者の相続発生時には貸家および貸家建付地の評価が受けられる

❼ 各方式の比較

有効活用の事業方式を比較すると〔図表6－10〕のとおりである。

〔図表6－10〕各事業手法の特性

		自己建設方式	事業受託方式	等価交換方式	定期借地権方式	建設協力金方式
事業推進者		土地所有者	デベロッパー	デベロッパー	デベロッパー	借家権者（テナント）
権利形態	土地	移動なし（土地所有者のまま）	移動なし（土地所有者のまま）	土地所有者とデベロッパー（最終的にはエンドユーザー）で共有	移動なし（土地所有者のまま）	移動なし（土地所有者のまま）
	建物	土地所有者	土地所有者	土地所有者とデベロッパー（最終的にはエンドユーザー）で区分所有	借地期間中は借地権者	土地所有者
事業資金の調達		土地所有者	土地所有者	事業資金は不要	事業資金は不要	借家権者（※）（テナント）
建物の管理・運営		土地所有者	デベロッパー	区分所有者共用部分はデベロッパー等	借地権者	借家権者（テナント）
事業の安定性		借入金がある場合は、稼働率が悪いと苦しい	賃料保証がつくと安定する。それ以外は自己建設と同じ	借入金がないので、安定	借入金がないので安定	建設協力金は家賃の一部との相殺により返済されるので安定

（※）最終的な返済責任は建物賃貸人（土地所有者）が負う。

第6章

189

実務上のポイント

・等価交換方式においては、土地の一部または全部を譲渡し、譲渡した土地に見合う区分建物を取得する方式である。

・等価交換方式において、市場性比較方式とは、デベロッパーが最低限確保したい粗利益率や販売可能単価を基に、デベロッパーが必要とする床面積を計算・取得し、残りの床面積を土地所有者に還元する面積を求める方法である。

第 **7** 章
不動産の
証券化

第**1**節

証券化の背景と推移

❶ 不動産証券化の背景

　不動産の金融商品化の流れは、1996年の日本版金融ビッグバンの幕開けにまで遡る。金融ビッグバンとは、金融システム改革全体を意味する造語である。ビッグバン先進国である米国・英国ではビッグバン以後、銀行、証券、保険などの金融業界をはじめ、その他の業界からの新たな参入によって金融機関間の国際的な競争が展開された。

　このような業態の枠組を越えた国際的な自由競争の展開は、投資対象を従来の株式や債券などの有価証券だけではなく、不動産などの現物資産にまで拡大させる状況になったことにより、現物資産の代表である不動産の証券化への流れを加速させた。

❷ 不動産投資の推移

① 実物投資のリスク

　かつての不動産投資は**実物投資**が主流であった。これは多額、非流動性、重税等の不動産の資産特性のメリット、デメリットをそのまま享受する投資手法であった。

　また、実物投資の場合、マンション等の区分所有物件を除いて、投資家が単独で当該不動産の所有権を保有することが多く、多額の資金を要したため、分散投資によるリスク回避が困難で、多額の借入金を伴うものであった。

② 小口化投資商品の登場

　上記の実物投資のリスク以外にも価格の変動による投資リスクもある。そのため、少額の資金でも不動産投資を可能にしようと誕生した投資手法が、共同投資である。代表的な商品としては**不動産小口化投資商品**がある。

　しかし、小口化投資は投資家間で共有となるケースが多く、投下資金を回収する場合に

その投資持分の売買が制約される。そのため、後述する証券化商品が登場し、普及したことによって、小口化商品は少なくなった。

③ 不動産証券化商品

わが国の不動産証券化商品は、1980年代後半から供給された不動産小口化商品（信託方式、任意組合方式など）に端を発しているが、1995年施行の「不動産特定共同事業法」を経て、1998年の「特定目的会社による特定資産の流動化に関する法律」（現在の資産の流動化に関する法律）により小口化・証券化を行う事業者の規制と投資家の保護が図られた。さらに2000年施行の改正投資信託法（投資信託及び投資法人に関する法律）により不動産投資信託が登場したことで、わが国でも不動産証券化商品が本格的に普及した。

不動産の証券化はその仕組みから次の2つに分類できる。

| 資産流動化型 | 特定の不動産を流動化する（特定共同事業、特定目的会社） |
| 資産運用型 | 不特定の不動産を運用対象とする（不動産投資信託） |

第7章

第2節 不動産の評価方法

証券化の対象となる投資用不動産の評価は、収益還元法による収益価格が標準とされ、他の2手法による価格（原価法による積算価格、取引事例比較法による比準価格）より重視されている。

❶ 収益還元法としての DCF 法

収益還元法とは、対象不動産が将来生み出すであろうと期待される純収益の現在価値の総和を求めることにより対象不動産の収益価格を求める手法である。収益還元法には**直接還元法**と DCF（Discounted Cash Flow）法とがある。

(1) 直接還元法

直接還元法とは、**一期間の純収益（a）を還元利回り（R）により還元**する方法をいう。

直接還元法

求める不動産の収益価格＝ 一期間の純収益 / 還元利回り

たとえば、初年度の純収益が1,000万円、還元利回りが5％の場合、収益価格は2億円（＝1,000万円÷0.05）と算定される。

(2) DCF 法

DCF法とは、**連続する複数の期間に発生する純収益および復帰価格**（原則として「転売予測価格－売却費用」）を、その発生時期に応じて**現在価値に割り引き**、それぞれを合計する方法をいう。

DCF 法

$$P = \sum_{k=1}^{n} \frac{a_k}{(1+Y)^k} + \frac{P_R}{(1+Y)^n}$$

P：求める不動産の収益価格　a_k：毎期の純収益　Y：割引率
n：保有期間（売却を想定しない場合には分析期間）　P_R：復帰価格

たとえば、毎期の純収益が1,000万円（保有期間中同じ）、割引率が5％、保有期間5年、5年経過後の復帰価格が2億円の場合、収益価格は以下のとおり、約2億円と算定される。

①期間（年）	1	2	3	4	5	6
②純収益・復帰価格	1,000	1,000	1,000	1,000	1,000	20,000
③複利現価率	0.952	0.907	0.864	0.823	0.784	0.784
④現在価値（②×③）	952	907	864	823	784	15,680

（※）②、④の単位は万円。
　　収益価格＝952万円＋907万円＋864万円＋823万円＋784万円＋1億5,680万円＝2億10万円

このように収益価格は、現在価値の総和により求められる。純収益と復帰価格の現在価値を求める際に乗ずる数値は複利現価率である。

注 複利現価は、n年後の期末に支払われる価値を年利率rで割り引いた現在価値をいう。したがって、n年後の純収益に、期間n年、利率（割引率）rの複利現価率を乗じることで現在価値が求められる（複利現価率＝$1/(1+r)^n$。上記の設例では、$1/1.05 \fallingdotseq 0.952$、$1/(1.05)^2 \fallingdotseq 0.907$…となる。

なお、復帰価格は次のように求められる。最終還元利回りとは、保有期間の満了時点における還元利回りをいう。DCF法では割引率が用いられるが、復帰価格を求める際には将来的な純収益の変動予測が必要となり、それを反映した還元利回りが用いられる。

復帰価格

$$P_R = \frac{a_{n+1}}{R_n}$$

P_R：復帰価格　a_{n+1}：n＋1期の純収益
R_n：保有期間の満了時点における還元利回り（最終還元利回り）

第7章

例 題

Q:

　X社は、甲土地の有効活用を検討している。そんな折、懇意にしている不動産業者から甲土地に貸しビルを建築することを勧められた。

　甲土地において建築される貸しビルおよびその敷地の収益価格に関する下記の表の空欄①〜⑥に入る最も適切な金額を、以下の〈条件〉をもとに求めなさい。答は千円未満を四捨五入し千円単位とすること。なお、表中の「□□□」は、問題の性質上、伏せてある。

〈条件〉
・純収益は、２年末は１年末と同額、３年末は２年末より２％増額する。
・復帰価格は３年末の純収益を最終還元利回りで還元して求める。なお、最終還元利回りは６％とする。

(単位：千円)

収入時点	純収益	複利現価率	純収益の現在価値
1年末	35,000	0.952	（　①　）
2年末	□□□	0.907	□□□
3年末	□□□	0.864	（　②　）
3年間の純収益の現在価値の合計			（　③　）

収入時点	復帰価格	複利現価率	復帰価格の現在価値
3年末	（　④　）	0.864	（　⑤　）
収益価格（3年間の純収益の現在価値の合計と復帰価格の現在価値との合計額　③＋⑤）			（　⑥　）

A:

(単位：千円)

収入時点	純収益	複利現価率	純収益の現在価値
1年末	35,000	0.952	（①35,000×0.952＝33,320）
2年末	35,000	0.907	（　35,000×0.907＝31,745）
3年末	35,000×1.02＝35,700	0.864	（②35,700×0.864≒30,845）
3年間の純収益の現在価値の合計			（③33,320＋31,745＋30,845＝95,910）

収入時点	復帰価格	複利現価率	復帰価格の現在価値
3年末	（④35,700÷6％＝595,000） ※3年末の純収益 ÷最終還元利回り	0.864	（⑤595,000×0.864＝514,080）
収益価格（3年間の純収益の現在価値の合計と復帰価格の現在価値との合計額　③＋⑤）			（⑥95,910＋514,080＝609,990）

（※）割引率＝5％

(3) NPV 法

NPV 法（Net Present Value Method）は正味現在価値法とも訳される。まず投資によってもたらされるキャッシュフローを現在価値に割り戻し、**投資対象不動産の現在価値を求める**。この計算値が実際の**投資額以上**であれば**投資適格**と判断する。

$$NPV = \left(\sum_{K=1}^{n} \frac{a_K}{(1+Y)^K} + \frac{P_R}{(1+Y)^n}\right) - V_0$$

V_0：投資額　a：各年度の純収益　Y：割引率
n：投資期間　P_R：n 年後の復帰価格
$NPV \geqq 0$ ならば投資適格

たとえば、前述した DCF 法の計算例における不動産の収益価格は、約 2 億円と求められた。NPV 法はこの収益価格と、投資家の投資（購入）予定額とを比較し、投資の適否を判定する方法である。仮に投資家がこの不動産を 1 億8,000万円で購入可能であれば、正味現在価値（NPV）は 2 億円－ 1 億8,000万円＝2,000万円となり、投資に適すると判断される。

(4) IRR 法

IRR 法（Internal Rate of Return Method）とは、投資対象不動産の内部収益率に注目し、投資の適否を判定する方法である。IRR とは、DCF 法による収益価格、つまりキャッシュフローの現在価値合計が、総投資額に等しくなる割引率である内部収益率を指す。内部収益率は一定の投資期間において想定される**投資対象不動産の予測収益率**である。この数値が実際の投資家の**期待収益率以上**であれば**投資適格**と判断する。

内部収益率（IRR）：「**DCF 法による収益価格＝総投資額**」となる**割引率**

（※）別の表記分法では、NPV＝0 となる割引率。ただし、NPV 計算は事前に割引率を設定するが、IRR 法では割引率は事後的に求める。

❷ DCF 法以外の収益率による投資判断指標

(1) 単純利回り

単純利回りは表面利回り、グロス利回り、または粗利回りともいわれる最も簡便な収益

率である。単純利回りは不動産事業から得られる賃貸料等の年間総収入を総投資額で除して算定される。表面的な不動産事業の収益性を比較する場合や当該不動産事業のデータが少ない場合など、最も簡便に収益性を把握したい場合に用いられている。

単純利回り（%）

$$\frac{年間賃料総収入}{総投資額}$$

単純利回りは各不動産事業に伴う**諸経費を考慮せずに、総収入を基礎に収益性を算定**している。そのため、単純利回りは綿密な各事業の収益性を評価するには適切とはいえない方法であり、あくまで各不動産事業の表面的な収益性を把握するにとどまる簡便法である。

(2) 純利回り

単純利回りが各不動産事業に伴う諸経費を考慮せずに、総収入のみを基礎に算定しているのに対し、純利回りは不動産事業の**諸経費を考慮した収益率**であり、不動産事業の収益性を評価する際に最も基本となる収益率である。ネット利回り、CAP レートともいわれる。

純利回りは、まず不動産事業から得られる賃貸料等の年間総収入から管理費等の諸経費を差し引き、純収入を求めたうえでその純収入を総投資額で除して算定される。総収入から差し引かれる諸経費は、実際に当該事業の運営において支出された費用のみであり、減価償却費を含まない。また、借入金に伴う支払利息などの資本調達費用は各事業主体によって異なるので、諸経費に含まないケースが多い。

純利回り（%）

$$\frac{年間賃料総収入－諸経費}{総投資額}$$

(3) 投下資本収益率

投下資本収益率は ROI とも呼ばれ、不動産事業に投下された資本全体から事業の収益性、および投下資本の回収性を含んだ収益性を評価する収益率である。投下資本収益率は純利回り算定式の諸経費に減価償却費を加算して算定することから、会計上の営業利益率にほぼ対応した指標となっている。

> **投下資本収益率（%）**
>
> $$\frac{\text{年間賃料総収入}-\text{諸経費（減価償却費を含む）}}{\text{総投資額}}$$

（4）総合収益率

　総合収益率は、単年度における事業収益部分のインカム収益率と資産評価損益部分であるキャピタル収益率の合計であり、各年度における総合的な収益性を示している。総合収益率は各年度ごとに資産価格を洗い替え、資産価格の変動に伴う評価損益を付加することによって、単年度ごとの事業収益性を表示する。

　総合収益率は他の運用対象資産との比較や不動産投資インデックス算定上においては最も基本的な指標である。

> **総合収益率**
>
> $$\frac{\text{純収益}}{\text{期首の資産価値}}+\frac{\text{期末の資産価値}-\text{期首の資産価値}}{\text{期首の資産価値}}$$
> $$=\text{インカム収益率}+\text{キャピタル収益率}$$

❸ 収益率以外の投資判断指標

（1）レバレッジ効果

　自己資金に借入金を組み合わせることにより、自己資金に対する収益率の向上が可能になることをレバレッジ効果という。借入金併用型投資は原則として**借入金の金利より投資の収益率が上回っている場合に有効**である。

　たとえば、不動産の価格が1億円、収益率が10％である場合、自己資金の5,000万円に、利率5％の借入金5,000万円を組み入れることで、借入金の利息を支払った後の収益額の自己資金に対する利回りを次のとおり15％とすることができる。

　1億円×10％−5,000万円×5％＝750万円

$$\frac{750\text{万円}}{5,000\text{万円}}\times100=15\%$$

全額自己資金だけで行った投資よりも借入金を組み合わせることにより、自己資金に対する収益率は向上する。

(2) DSCR

借入金の元利均等返済額に対する純収益の割合から借入金の総額を決定する方法としてDSCR方式がある。DSCR（Debt Service Coverage Ratio）は、不動産が生み出す年間キャッシュフロー（元利金返済前）が、その年に支払う元利金に対してどの程度の余裕があるかを示す指標で、具体的には次の算式で求められる。

$$DSCR（借入金償還余裕率）＝\frac{元利金返済前キャッシュフロー（純収益）}{元利金返済額}$$

たとえば、年間賃料総収入1,500万円、借入金の支払利息を含まない年間運営費用500万円、年間の借入金返済額800万円（元利均等返済）とすると以下の計算式となる。

$$\frac{1,500万円－500万円}{800万円}＝1.25$$

DSCR（借入金償還余裕率）が**大きいほど**キャッシュフローに**余裕**があり、1.0未満は不動産からの収入だけでは借入金の返済が困難であることを示す。

(3) 投資回収期間法

総投資支出が当該不動産事業から生み出される事業収益によって、どの程度の期間に回収されるのかを算定する評価方法を投資回収期間法という。

投資回収期間（年）

$$\frac{総投資額}{償却前営業利益}$$

実務上のポイント

- DCF 法とは、連続する複数の期間に発生する純収益および復帰価格（原則として「転売予測価格－売却費用」）を、その発生時期に応じて現在価値に割り引き、それぞれを合計する方法をいう。

- NPV 法では、まず投資によってもたらされるキャッシュフローを現在価値に割り戻し、投資対象不動産の現在価値（収益価格）を求める。この計算値が実際の投資額以上であれば投資適格と判断する。

- IRR とは、DCF 法による収益価格、つまりキャッシュフローの現在価値合計が、総投資額に等しくなる割引率である内部収益率を指す。IRR 法では、IRR が実際の投資家の期待収益率以上であれば投資適格と判断する。

- 借入金の元利均等返済額に対する純収益の割合から借入金の総額を決定する方法として DSCR 方式がある。DSCR は、不動産が生み出す年間キャッシュフロー（元利金返済前）が、その年に支払う元利金に対してどの程度の余裕があるかを示す指標で、元利金返済前の年間キャッシュフローを元利金返済額で除して求める。

語句索引